가르시아 마르케스
카리브해에서 만난 20세기 최고의 이야기꾼

在加勒比海遇見馬奎斯

Kwonlee(권리)—著
鄒宜姮—譯

加勒比海人

馬奎斯的故事無邊無際，如同加勒比海的神話和傳說般帶有原始的力量。悠遠流傳的詩篇享受慶典與休憩，承繼了懂得將自己託付給衝動和偶然的加勒比海人對人生保持的樂觀態度。

目次

PROLOGUE

懂得人生浪漫的作家

粗魯的馬奎斯

一九二七年三月六日早上九點誕生於暴雨之中鄉村小屋的賈西亞・馬奎斯[1]是十一個兄弟姊妹裡的老大，在四十歲第一次獲得版稅之前，他一直過著貧窮困苦的生活。到八歲為止，他和父母一起生活的時間連三年都不到，並從十三歲起就必須賺錢餬口。他

---

1 全名加布列・荷西・德拉康考迪亞・賈西亞・馬奎斯（Gabriel José de la Concordia García Márquez）是取父母雙方姓氏的西班牙式傳統命名法，父親的姓為賈西亞、母親的姓為馬奎斯，因此稱為賈西亞・馬奎斯才完整。在本書中，指稱成人後的作家為「馬奎斯」或「賈伯」（Gabo）；童年時期則依照瓜希拉海岸地區的暱稱，稱為「小賈伯」（Gabito）。

把青年時期在波哥大暴動[2]中撿到的包包當作戰利品背在身上，因為付不起房租所以去咖啡廳看書代替返回住所。即便是歐洲特派員時期，他也曾經睡在長椅上餐風露宿，靠典當物品勉強維持生計，過著可謂貨真價實「狗屎」般的人生，懷抱不知何時會自殺或客死異鄉的擔憂活著。

詩是哥倫比亞文學界的主流，馬奎斯卻寫起賺不了錢的小說。雖然將當時的心境寫成名為《狗屎般的小鎮》寄給哥倫比亞埃索文學獎[3]，卻直到一九六二年才以《惡時辰》之名出版。即便他想回收版權並燒掉這本書，卻無法如願，當時的他一定氣得喊出「狗屎」吧。

馬奎斯小時候讀了大仲馬的《基督山恩仇記》，對於書中那位貧窮單純的年輕水手如何完美變身為另一個人、平安無事離開城堡深感疑惑，但後來他透過《百年孤寂》脫離貧困的過程，正如現實中的基督山伯爵。

馬奎斯雖然經歷了諸多狗屎般的狀況，卻未曾失去加勒比海人的樂天本性，身邊一直圍繞著許多人。他愛著人類，愛著鳥、河、石頭和天空，愛著女人（從小就和許多女性一起生活，理所當然愛著女人，連他最喜歡的詞彙「狗屎」（mierda）也是陰性名詞），並未怪罪矛盾的人類。簡單來說，馬奎斯享受著真實生活，懂得如何享樂，比起獨自一人更喜歡與他人共處的時光。他大概是我所知的作家中，朋友最多的一位。做為人道主義記者的經驗和與生俱來的說書人本性巧妙結合，對於打造出他專屬的「大眾化」風格帶來了很大的影響。

成功的賣藝歌手

特別的是，馬奎斯只寫自己經歷過的事，一次都沒有想過區別作品與人生。代表魔幻寫實主義的「沸騰的冰塊」，全部都是他的親身經歷。他想起過去觀賞冰塊的回憶而開始提筆《百年孤寂》，可說是外祖父的故事都不為過；《愛在瘟疫蔓延時》寫的是父母；《獨裁者的秋天》則是寫政壇同僚卡斯楚。

他的妹妹瑪格麗坦與《百年孤寂》的蕾貝卡一樣患有吃土的異食癖；坐在崩壞的馬

---

2 哥倫比亞自由黨領袖豪爾赫·蓋坦（Jorge Eliécer Gaitán Ayala）為激進份子，夢想透過農民和工人建立政權，但在一九四八年舉辦泛美會議時於波哥大街頭遭到暗殺。此後，失去社會改革意願的人民引發了大規模的「波哥大暴動」（El Bogotazo）。

3 Premio Literario Esso (Colombia)。

康多最後一間藥局前，嘗試解開頭獎為法國旅行的懸賞謎題、打發時間的情侶名叫加布列和梅西迪絲・巴爾恰・帕爾朵，正是作家夫婦。烏蘇拉的繼承人，也是第六代的主角阿瑪蘭塔・烏蘇拉後來生下並期望扶養的孩子，名字正是馬奎斯的兒子龔薩雷茲和羅德瑞戈。

加布列前往巴黎並以撿舊報紙為生的模樣、睡在巴黎長椅上的故事，是馬奎斯年輕時的樣貌。《百年孤寂》中年過百歲依舊炫耀自己擁有旺盛活力的烏蘇拉，描述的是馬奎斯的外祖母特蘭基利娜・伊瓜蘭・寇特絲（Tranquilina Iguarán Cotes）。

誰都贏不過堅信自己的謊言就是現實的騙子。馬奎斯曾是撰寫紀實報導的記者，因此只能根據既有事實寫作。他不像喬治・歐威爾為了自己的理想，拋棄身分、做出極端的選擇；也不像查爾斯・布考斯基（Charles Bukowski）的小說一樣隨波逐流，吟詠著苦痛；更不像杜斯妥也夫斯基小說的人物一樣具有強迫性。

> 我受到大眾文化的影響，接觸並研究其他文化。大眾文化促使我行動，帶給我動機。我並非研究大眾文化，而是活在其中。我知道它們從何而來，也知道它們歌頌何事。
>
> ——伊芙・比倫等，取自紀錄片《加布列・賈西亞・馬奎斯》

小心眼的馬奎斯在自己的小說完成之前，絕對不會給任何人看，對於站在眾人面前同樣非常害羞。小時候在廣播節目歌唱才藝表演中遭淘汰雖然成了笑柄，但他一直夢想成為一位賣藝歌手，懷抱著這股想說故事的慾望。

一九八二年獲得諾貝爾文學獎時，馬奎斯唱著歌、手舞足蹈地為自己祝賀。直到二〇一四年三月六日逝世前的八十七歲生日，他都在大家面前唱歌。在歐洲窮得兩袖清風時，也曾以歌手身分為生，看來想當歌手的夢想絕非空口說白話。而他想成為歌手的原因，非常神奇地和他成為小說家的原因雷同。

馬奎斯是懂得讓人們幸福的百憂解（Prozac）。因為他懂得人生的浪漫，所以他的作品才令我上癮。翻開本書的讀者可能和我喜歡馬奎斯的原因不同。幽默、加勒比海人的樂觀、浪漫主義般的拉丁美洲、流亡歐洲的世界公民、進步的歷史和政治觀、獨具魅力的說書人、螺旋般的故事結構、反覆與迴轉、魔幻現實主義等，馬奎斯的魅力無窮無盡。談及愈多人喜愛的作家時，愈得費點心思。醜話說在前頭，我將開啟與大家預想所不同的道路，因為遊記不只是對事實的紀錄，也是對現實的自我紀錄。

説書人的誕生

因為我是小「說」家

經歷三次轉機因而腿抽筋，花了三十六個小時抵達哥倫比亞時，我感覺返回了十幾年前到此旅行的時光。橫越了十四個小時時差的異邦人穿過大大小小的孩子們，進入了六月的波哥大。

位於高海拔地區的波哥大裡外十九度的氣溫十分涼爽，就和十年前一樣毫無秩序、散漫、東倒西歪。感性、親切、帶有濃濃人情味的移民局職員對於我幾經困難才拿到的黃熱病疫苗卡漫不經心。比起直線，這裡有更多的曲線；比起曲線，這裡有更多的虛線；比起驚嘆號，問號更適合此地，和馬奎斯小說中的場景如出一轍。

第一次讀到《百年孤寂》時我也有相同的感覺，經歷六代人的波恩地亞家族太過暈眩且複雜，很難一次就理解。特別是「孤寂」究竟意味著什麼，對於為什麼非得是「孤寂」更不得不反覆思考。我親身體驗過數次「只要聚會就是一場派對」在南美並非空話，因此更加覺得「孤寂」之於他們的人生根本毫無關聯——這些是我稍微理解《百年孤寂》前的想法。

如果要說和十年前有什麼不同，那就是五十披索紙鈔（哥倫比亞貨幣中最大幣值）

上頭大大印著知名作家的肖像。難怪我一看到這張紙鈔就想抓住人說：「我就是為了取材和他有關的資訊，才搭了三十六個小時的飛機飛到這裡！」我對馬奎斯就是如此自豪，他是哥倫比亞的國寶，不，是全拉丁美洲國寶般的存在。

下起太陽雨的波哥大午後，我在搭到的第一輛計程車上開啟了意料之外的南美式「談話」。計程車司機是個戴眼鏡的三十七歲男子。我懷疑在哥倫比亞的計程車執照應考項目裡，選曲能力也包含在內，因為他的選歌十分出色（如果音樂是被禁止的產品，那哥倫比亞可能不會是全世界最大的毒品生產國，而是最大的音樂生產國）。但這位司機比選曲更厲害的是打破砂鍋問到底的能力。

他的好奇心極強，問東問西，但所有的問題都不是為了載我去他能拿到回扣的飯店。他也不是為了敲竹槓、收取兩倍的計程車資，我要去的查皮納羅區（Chapinero）計程車費一般只需要三十披索。我立刻就辨別出來，他的提問單純出於好奇心。我個人其實很喜歡在計程車內被訪問，但那僅限於視線固定於前方的司機。

我認為不問司機「這樣開車你不怕嗎」可能比較妥當，因為他直接側身面向副駕駛座，使用翻譯APP不停地提問。如果我不回答，他會先用手機的通訊軟體APP錄音，再辛苦地重新播放給我聽。十年前因為不懂西班牙文，我可以透過肢體語言自然地躲避這類強制訪談；但這十年間科技日新月異，哥倫比亞也不例外。終於，在經歷了讓我幾乎靈魂出竅般渙散的戶口調查後，我得以下車了。我認為這位司機不該當計程車司機，該去當移民局官員，但能怪誰呢？我不也是個都從「以前啊」開始自己的故事，無可奈何、耳根子軟的「小說家」嗎？

這個藥，能三個月分期付款嗎？

被故事吸引是人類的本能，如同對於一千零一夜裡雪赫拉莎德那不間斷故事的幻想，說著故事直至睡去消除了失眠的痛苦、讓人陷入睡眠，如今擔任這個角色的應該是當代的作家們。二十世紀的作家們專注的文學包含了政治、革命，出版了穿著哲學外衣的小說。從這方面來看，馬奎斯的故事帶有故事本身的力量，最原始的力量，就如同聽著原始的神話，彷彿進入了南美的神話之中，也蘊含了這樣的力量。

當然，第三世界這種比喻和「遠東」一樣充滿歧異。西方世界偏好使用二分法，就像「量販組合包」的零食概括區分了所有相對疏遠的文化。因為使用了全球超過三億人口說的第二大語言，馬奎斯被稱為「南美的塞萬提斯」或「南美的馬克吐溫」，但他的活動範圍並不侷限於哥倫比亞。

生於哥倫比亞的小鎮阿拉卡塔卡（Aracataca），旅居過歐洲、古巴，最後卒於墨西哥，馬奎斯不是現今分裂大陸之一的公民，而是盤古大陸的公民，很少有人能同時與古巴的卡斯楚和美國的柯林頓為友。儘管如此，與波赫士不同，馬奎斯被當作西方文學陣營中的第三代作家。此外，他和波赫士相同，作品中包含了大量非西方理性、而是第三世界的非理性領域，如巫術和迷信等，因此被區分為不同的類別。

我在前幾年寫的散文〈Ambos Mundos〉裡大篇幅討論了馬奎斯與其他英美文學的差異。我最喜歡的馬奎斯式敘事是《百年孤寂》中被稱為沿海大食怪的奧雷里亞諾二世與「大象」卡蜜拉進行大胃王對決，奧雷里亞諾二世為了贏得比賽只睡四個小時，最後暈了過去，一頭栽進將被收走的碗盤裡。這段長達三、四頁的內容不知道為何突然出現，我讀到時卻忍不住想完整抄寫下來。但我沒有止步於抄寫，而是將這一段當成靈感，加以擴張，寫成了短篇小說《暴食小丑》（폭식광대）。

煉金術？點石成金不過是市集裡突然出現的魔術師或說書人用來迷惑人心的故事。這些人大多是遊手好閒之輩，若沒人相信，他們不過就是摸摸鼻子、提起行囊，離開罷了。而馬奎斯的偉大之處在於，他把賣藥人的故事搬上了文學舞台。

源於古典詩歌與「對故事的渴求」說明了小說存在的原因。閱讀馬奎斯的小說，一開始會想「是想迷惑誰買藥」，最後卻變成「這個藥可以三個月分期付款嗎」。馬奎斯的一生有無窮無盡的話要說，所以自傳取名為「活著是為了說故事」。

賣藥人的父親

說實話，小說家和賣藥人有很多共同點。如果小說家的專長是去觸碰你不必感受的情感，那賣藥人就是擅長讓正常的身體生病。雖然馬奎斯實際上賣的不是藥，但在窮困且無法寫作的一九五三年，他曾在瓜希拉省（Guajira）四處推銷百科全書。那個沒有網路的年代裡，英文版《大英百科全書》被用來裝飾在牆上接待客人或當成優秀的隔熱墊。用過百科全書的人全知道，那東西買不買都一樣，但宛如聽著馬奎斯的短篇小說有聲書似地，大家迷迷糊糊買下了終其一生都用不到的百科全書。

馬奎斯的「賣藥」本領從何而來？聽起來像在開玩笑，他的父親加布列・艾利希歐・賈西亞・馬奎斯（Gabriel Eligio García Martinez）真的是個賣藥人。他最初是哥倫比亞西部波利瓦省（Bolívar）的電報員，結婚後在阿拉卡塔卡電話局工作。之後，他成了一個流浪賣藥人和施行順勢療法的江湖郎中。

除了治療腰痛、糖尿病、高血壓，看到能夠增強體力、治療尿失禁等能治百病的神祕藥物傳單時，自然而然會想到順勢療法。這類傳單往往印在A4紙上，包蘿蔔或白菜都很適合，卻不會特別去讀紙上的東西。順勢療法是一種免疫療法，透過使用少量的藥物——會引起與病人症狀相似的症狀——來治療病患。《百年孤寂》裡，烏蘇拉的兒子奧雷里亞諾上校的口袋裡放著代表「反叛」的順勢療法藥丸，由此可知這種療法與正統醫療相距甚遠。

據說這種民間療法在貫穿哥倫比亞的馬格達萊納河（Rio Magdalena）下游地區曾經頗受當地老人家歡迎。馬奎斯的父親從卡塔赫納大學醫學院退學，並以自學的順勢療法做基礎，當起了自然療法醫師，經營的六家藥局全部關門大吉後，依舊開設新的藥局。此外，正如《愛在瘟疫蔓延時》描述的，馬奎斯的父親憑藉著彈奏鋼琴和小提琴的才能，以及代筆撰寫情書、舌燦蓮花般的口才，勾引了可說向來都是模範生的路易莎·聖蒂雅嘉·馬奎斯·伊瓜蘭（Luisa Santiaga Márquez Iguarán）。以他保守黨員的意識形態和身為未婚媽媽之子為由，偏向自由黨的岳父極力反對這樁婚姻，但在他的強烈懇求下，最終仍成功迎娶路易莎。

馬奎斯的父親結婚前生了四個孩子，加上和妻子路易莎生的七個兒子、四個女兒，一共必須扶養十五個小孩，但他婚後仍繼續遵從加勒比海男人的天性，外遇不斷，最終卻得到了妻子的支持，連同外遇的孩子一併扶養，這大概也必須歸功於傑出的口才吧。事實上，他是一個愛在餐桌上開玩笑的父親，小賈伯曾經非常喜愛這樣的父親。當然，不確定是不是因為在成長過程中與父親的政治立場相左而尷尬，馬奎斯很少正面提及自己的父親。

馬奎斯的父親不是個有商人資質的人，卻十分貪財並到處開設藥局。藥局倒閉後無所事事，毫無對策卻說自己要出門尋寶，就這樣離開了。一起住在巴蘭基亞時，他會帶著小賈伯到朋友家玩樂，少年因此苦於夢遊症。當父親搞失蹤時，無計可施的小賈伯不得不打電話給父親的朋友們借錢維持生計（馬奎斯有兩種恐懼症，其一是飛行恐懼症，另一是因為此時期而發展出來的電話恐懼症）。而與父親正式起衝突，就是在馬奎斯宣布自己這輩子要以寫作為生之後。

從我出生的那刻起，我認為我會成為一個作家，也夢想當一個作家。我保有成為作家的意志、能力、勇氣和資格。我從未停止，除了寫作，我別無所想。雖然，我不相信我畢生會以寫作為生，但我準備以寫作而死。

——伊芙・比倫等，摘自紀錄片〈加布列・賈西亞・馬奎斯〉

馬奎斯的父親如波西米亞人般放蕩不羈，曾為了小提琴輟學，卻因為長子宣布將走上作家之路而從法學院輟學這件事與他爭執。馬奎斯的自傳中關於父親的部分大多為敘事，大概是因為馬奎斯長大後很少與父親有過能稱為對話的真正對話。他一直都很害怕父親、也很難原諒父親，但最終還是選擇了原諒。馬奎斯在自傳中承認他愛父親，並因為他成了作家。

母親和麻煩的「大兒子」

與此同時，馬奎斯的母親路易莎是個在修道院彈鋼琴的典型模範生，並出落成一位優雅的淑女。《百年孤寂》中以路易莎為模板的角色有費蘭妲・卡爾皮歐和梅妹，以及《愛在瘟疫蔓延時》的主角費米娜。馬奎斯的母親在各方面都與父親不同，馬奎斯在自傳中提到，他的父親遇到危機時有玩填字遊戲的習慣，母親則是克服而非逃避。考慮到

馬奎斯的父母

馬奎斯出生於一九二七年，是父親加布列．艾利希歐和母親路易莎．聖蒂雅嘉十一個孩子中的老大。馬奎斯的父親是一位舌燦蓮花的流浪賣藥人，將說書人必備的「賣藥」口才傳給了他。有著堅韌又溫柔聲音的母親則是家庭支柱，總共扶養了十五個小孩，其中包含他父親婚前生下的四名孩子。

《百年孤寂》中出現的女性角色，可以想像馬奎斯的母親和她身邊的女性對他的影響有多深。從小和女僕一起長大並奉獻了童貞，與女性交談對馬奎斯來說再自然不過。敘事手法從A跳到B再跳到C，沒有上下文或起承轉合，同樣也是女性偏好的談話方式——只要稍不留神，就有可能跳到另一個毫不相關的話題上。

馬奎斯的母親溫柔且堅韌，語氣比父親更睿智，說故事的口才也不輸父親。馬奎斯五十歲時開始撰寫《愛在瘟疫蔓延時》，若沒有母親的證詞，不可能寫出這部文風優雅、關於父母親愛情故事的作品。事實上，父母的愛情故事反覆出現在馬奎斯的作品中，《愛在瘟疫蔓延時》的費米娜受到姑姑艾絲可拉絲蒂卡修女的監視；《苦妓回憶錄》被艾荷妮妲阿姨監視的席梅娜．奧提茲；《百年孤寂》的戀人在費蘭妲的嚴密控管下談起祕密戀情。

此外，雖然馬奎斯的母親信仰迷信和巫術，卻是個帶頭喚醒男人認清現實的角色。她代替外出賺錢的父親唸《周日報》給孩子聽，教導他們閱讀。《沒有人寫信給上校》的妻子對著愛面子、不顧生計的上校說「沒有食物，只能在鍋裡煮石頭」，要他認清現實，上校的立場卻十分頑強，「狗屎」。

僅用這個詞彙結尾的微妙場景同樣能在馬奎斯的自傳《活著是為了說故事》見到。

自傳講述了富有耐心的聖人莉塔詢問喝醉的丈夫要吃什麼時，他對著桌上的雞屎嘟噥「狗屎」。儘管丈夫有所怨言，莉塔仍然輕聲細語，丈夫愛上了妻子的美德，進而信仰了耶穌。

無從得知這兩個故事是如何串連的，但我認為，與馬奎斯童年時行為失控的父親不同，總是冷靜的母親形象透過某種聯想的過程，在《沒有人寫信給上校》化成了一則軼事。

當馬奎斯的父親為病人注射嗎啡卻失手，被控怠忽職守的刑事罪名，並被指控在麻醉後強姦一名婦女時，是他的母親路易莎比任何人都更積極地展開搶救。馬奎斯的母親扶養了數十名孩子，其中包含令人頭痛的「大兒子」，在加勒比海沿岸輾轉、過著不安定的生活，當丈夫一聲不吭突然消失後，她也變成了每天只會與女兒們玩洋娃娃的孩子。馬奎斯的母親一生風雨不斷，直到九十七歲高齡依舊健康長壽，除了十五名子女，孫兒、曾孫、玄孫共計一百八十二人，於二〇〇二年馬奎斯完成自傳時去世。她的最後一程被無數孩子們圍繞，肯定像個幸福的幼稚園，而在一輩子辛苦帶大子女們之後，最終也毫無痛苦地自然離開了人世。

母親的豐盛、仁慈、仁愛和支持，讓人聯想到聖母瑪莉亞抱著流血垂死的耶穌並流下悲傷的淚水。事實上在馬奎斯的作品中，母親透過一條無形的臍帶與子女相連，並以必然預言孩子死期的存在出現。

舉例來說，《百年孤寂》的烏蘇拉預知了兒子奧雷里亞諾・波恩地亞上校的死亡。在馬康多的烏蘇拉看到爐子上的牛奶沒有沸騰而感到奇怪，打開水壺一看，發現裡面全是蛆，預感兒子死訊的她去找丈夫哭訴。最後醫術高明的醫生取出了子彈，烏蘇拉的兒子僥倖逃過一劫。

馬奎斯的兄弟姊妹

因為父親的冒險精神和旺盛的精力，以及母親的生育能力，上至大他七歲、下至小他二十歲，小賈伯有四個同父異母和十個同父同母的兄弟姊妹，一輩子都保持友好的關係。少有作家像馬奎斯一樣擁有良好的人際關係，而這大概可以歸功於他從小便與兄弟姊妹關係良好。

母親路易莎扶養了十五個孩子，其中包含了馬奎斯同父異母的兄弟姊妹阿貝拉爾多、卡門・羅紗、赫梅因（艾米）和安東尼奧（東尼）。同父異母的哥哥阿貝拉爾多和大弟路易斯・安立奎可說是玩樂高手。阿貝拉爾多為馬奎斯指點愛情迷津，說他最需要的就是女人；同父異母的姊姊卡門・羅紗在中學生小賈伯接吻時比任何人都開心。比馬奎斯小一歲的弟弟路易斯・安立奎和他共享同一個妓女，從小就以惹事生非聞名，他拿零用錢玩吃角子老虎後贏了翻倍，把錢埋在院子裡；他從藥局偷錢買了一把吉他，被父母送到麥德林（Medellín）的彭蒂杜埃諾少年感化院。即便如此，馬奎斯仍然嫉妒路易斯・安立奎能做自己想做的事。結束一年半的感化院生活後，路易斯・安立奎擔任蘇克雷市長祕書，並在市長病假期間成為最年輕的代理市長，後來成了會計老師和吉他手。

馬奎斯的二妹瑪格麗坦（瑪格特）有吃土的習慣，五弟古斯塔伕是電工和歌手，四妹莉西亞和六妹莉塔受到外婆影響經常看到女鬼，喜歡管教弟妹的七弟傑米則是唯一擁有學士學位的土木工程師，八弟赫南多（南馳）是消防員，九弟阿爾佛羅多（餅乾）因吸毒在五十二歲時心臟病發，比馬奎斯小二十歲卻擁有相似過人文采的弟弟艾利希歐（義酉）出版了高達六百頁的《百年孤寂》研究報告。

其中，小賈伯和小他兩歲的妹妹瑪格特關係較為特殊，她是書中角色蕾貝卡和阿瑪蘭塔的模板，也是小賈伯的同伴。和外向的弟弟妹妹路易斯・安立奎和艾妲・蘿莎不同，膽小內向的瑪格特和小賈伯大部分都待在家裡。瑪格特之所以跟著小賈伯是因為她

小賈伯的兄弟姊妹

馬奎斯在十一個兄弟姊妹中排行老大，代替了經常缺席的父母。他與兄弟姊妹們的情誼深厚，和有吃土習慣且同樣內向的妹妹瑪格特尤其親近。從左邊順時針方向分別為老三瑪格特、表弟愛德華、老大馬奎斯、老二路易斯．安立奎、老四艾妲．蘿莎和老五莉西亞。

每次吃土時，哥哥都會幫忙把風、確保不被大人發現。瑪格特應該是因為父母長期忙於工作導致營養不良，缺鐵而導致吃土。食土癖是一種特殊病症，新生兒原始反射中的舌根反應長期留存，並出現在長時間吸吮手指的兒童身上。

可能是成長過程缺乏關愛，從二十歲出頭到往後約二十年間和妹妹艾妲・蘿莎扶養母親連續生育的弟弟妹妹們，瑪格特和妹妹一輩子單身。大概是受夠了太多弟妹，瑪格特甚至和母親說養小孩很辛苦，拜託她不要再生了。

馬奎斯是這個兄弟姊妹眾多的家庭中的支柱。支撐村子經濟的香蕉公司倒閉後，馬奎斯家的狀況日漸貧困，窮的得靠一條牛腿熬的湯撐一整個星期，無法使用電燈，只能靠燒布過日子。對小賈伯來說，小時候唯一的奢侈就是漫畫和廣播，由於沒電就無法聽廣播，善良的他因此背下自己從收音機聽到的歌曲再轉述給弟妹聽。此外，他也販賣親自畫的漫畫、穿著布涼鞋發廣告傳單、在印刷廠打工，馬奎斯代替了父親的角色，是個不折不扣的孝子。

雖然父親不斷出軌，馬奎斯離開這幾十人的大家庭時，一家人仍和睦得讓人熱淚盈眶，兄弟間的情誼依舊無比深厚。但即便如此，還是不能說父母在小賈伯成長為馬奎斯的過程中，對他的影響和外祖父母同樣深遠。

幻想與現實之間

養育一個孩子需要祖母、祖父和跆拳道大師。一九三〇年代，在哥倫比亞北部的小鎮阿拉卡塔卡，一個沒接觸過跆拳道的孩子想成為優秀的作家，就必須有一對傑出的外祖父母。就這點而言，身為十一個兄弟姊妹中老大的小賈伯算是個幸運的孩子。外婆特蘭基利娜就像《一千零一夜》的山魯佐德；外公尼可拉斯·里卡多·馬奎斯·梅西亞上校（Colonel Nicolás Ricardo Márquez Mejía）則統治著小賈伯的幼年。性格迥異的外公外婆本來應該幫孫子換尿布、做肉餡捲餅點心，但「幸好」兩人意見不合，讓孩子自然而然學會、了解如何處理小說中無數次的矛盾。

祖父母對於人類來說是什麼樣的存在？即使是那些經歷無數苦難而成為父母的人，當他們成為祖父母時，看到孫子孫女同樣無比欣慰。祖父母與父母不同，他們能用無限的愛實踐刻在基因中的育兒本能，而不是直接教養與管教孫子孫女。

因此，祖父母間的戰爭不同於父母間直接對孩子留下傷痕的戰爭，而是超越了性別對抗這種微不足道的層面，更像是代代相傳的兩個種族之間激烈的權力鬥爭。兩股勢力為了爭奪孫兒展開激烈的搏鬥，以便宣揚各自種族的意識形態。誰的意見對，端看外孫想聽誰的搖籃曲入睡。

外公和我是這間住滿女人的房子裡唯二的男人。我的生活很奇怪，因為我們生活在由外祖母統治、充滿迷信，任何事都可能發生的世界裡，生活在一個每天都會發生不可思議事情的幻想世界中。但是，我的外祖父是個腳踏實地的人，他參加過內戰，經常談論政治陰謀。他對待我像對待其他大人一般，我生活在兩個完全不同的世界裡。

——伊芙．比倫等，摘自紀錄片〈加布列．賈西亞．馬奎斯〉

幻想與現實的對峙下，馬奎斯內心一定有許多矛盾的情感，而這些矛盾的情感也很自然地融入了他的小說，《百年孤寂》比其他任何作品更具自傳性。讀過就知道，《百年孤寂》的烏蘇拉和奧雷里亞諾．波恩地亞上校的原型，就是馬奎斯的外婆特蘭基利娜和外公尼可拉斯。更準確地說，據說奧雷里亞諾上校的原型是拉斐爾．烏里布．烏里布將軍（Rafael Uribe Uribe），一八九九年反抗哥倫比亞保守政權的自由派領導人，不過一直等待退休金的退役上校的描繪，酷似小賈伯的外公。

一則關於《百年孤寂》的有趣逸事：現實中的外祖父母在作品裡被描繪成烏蘇拉和奧雷里亞諾上校的母子關係，但烏蘇拉和阿瑪蘭塔則被描繪為與現實中的外婆特蘭基利娜和母親路易莎相同的母女關係。當然，以外公尼可拉斯為雛形的不止奧雷里亞諾上校，還有荷西・阿爾卡迪歐・波恩地亞、荷西・阿爾卡迪歐二世等各種角色。然而，馬康多真正的主角和領導者奧雷里亞諾上校的形象，的確最接近馬奎斯的外公。

尼可拉斯在《百年孤寂》的微縮版《枯枝敗葉》中，以與母子構成三位一體中軸的祖父身分登場；在《愛在瘟疫蔓延時》中以烏爾比諾醫師登場，因試圖捕捉一隻鸚鵡而摔死。如是之故，他們的形象十分相似。小賈伯很小就知道，雖然外公在家裡像是君主專制中的國君，實際上在母系社會裡主管家中大權的是國君的妻子，這是典型的大男人主義（男性至上）在婚姻中維持的樣貌。

由於家庭生計迫使雙親在加勒比海地區四處遷徙，長子小賈伯直到七歲為止都住在內陸小鎮阿拉卡塔卡的外公家中。年幼的小賈伯稱外公為「雷洛爺爺」，外祖父稱孫子為「小拿破崙」。雷洛爺爺的教育方法十分獨特，他不把外孫當成單純的可愛孩子，而是當成一個大人對待。外公是曾經參加千日戰爭[1]的勇士，後來在《沒有人寫信給上校》中變成了一個等待退休金的老人，重複千百遍講述著香蕉大屠殺[2]。

---

1 Guerra de los Mil Días，一八九九年至一九〇二年哥倫比亞自由黨（游擊隊）與保守黨（政府軍）發生內戰。巴拿馬因為此戰而獨立，自由黨掌權。

2 Matanza de las bananeras，一九二八年十二月六日發生在哥倫比亞聖瑪爾塔（Santa Marta）附近謝納加（Ciénaga）的大屠殺。多達兩千到三千人被安蒂奧基亞軍隊屠殺並扔入海中。

包括參加罷工的香蕉種植工人在內，三千名無辜的人像白天的香蕉樹一樣被砍倒並側身倒地的景象刺痛了年輕小賈伯的心。對他來說，不知道為何要奪走數千人性命的故事有如《聊齋誌異》般恐怖。根植於男孩心中的恐懼，逐漸演變成了反抗和革命的理由。

小村落裡的老人無助地等待著養老金，搖身一變成為馬康多反抗列強的奧雷里亞諾．波恩地亞上校。《百年孤寂》是一部和《復仇者聯盟》一樣的英雄故事。年輕時讀過伊底帕斯等神話的馬奎斯創造了波恩地亞家族的神話，家族跨越六個世代的戰爭則以對外戰爭和內戰的形式出現。對外是以千日戰爭為代表的武裝衝突，內戰則暴露在每一個被外攻毀滅的人顯露出來的矛盾上。也就是說，馬奎斯的外公就是馬康多最偉大的英雄奧雷里亞諾上校的雛形，仔細了解會發現那就像鋼鐵人、綠巨人、雷神等英雄一樣是「拉丁美洲隊長」；提前預言並寫在羊皮紙上的梅賈德斯就是魔法世界中的「奇異博士」；因為通宵鑽研製作銀器，最後昏昏欲睡綁在栗樹邊的荷西．阿爾卡迪歐．波恩地亞同樣謂為英雄，是收藏宇宙中神祕物體的「收藏家」。

當可與英雄比擬的外公於一九三七年去世時，瑪格特深感悲痛。身無分文的她和小賈伯不得不在眾多親戚家輪流借住，最後必須搬到父親在辛塞（Sincé）的房子。當

千日戰爭

領導香蕉園工人罷工的人物們

時，馬奎斯的父親加布列．艾利希歐投資山羊養殖結果破產，幾個月後，全家不得不返回阿拉卡塔卡。根據馬奎斯的傳記，外公去世時他更擔心的是身上長滿了蝨子，這件事成為阿拉卡塔卡和他的童年世界完全消失的契機。之後，馬奎斯沉迷書籍和寫作，甚至為了不死，加倍沉迷於寫作。

> 外公過世時，我的世界就從阿拉卡塔卡徹底消失了。我和父母一起度過童年，那是一個和以前完全不同的現實世界。
>
> ——伊芙．比倫等，摘自紀錄片〈加布列．賈西亞．馬奎斯〉

馬康多的實際主宰者

那麼，外婆對小賈伯來說究竟是怎樣的存在呢？《百年孤寂》中主宰並維持馬康多的第一代祖母烏蘇拉原型就是馬奎斯的外婆，烏蘇拉「就像太陽統治著行星」般主宰著馬康多那些不爭氣的男人們。

外婆的全名是特蘭基利娜．伊瓜蘭．寇特絲（Tranquilina Iguarán Cotes）。伊瓜蘭

馬奎斯的外公尼可拉斯．里卡多。主宰小賈伯童年的外公稱小孫子為「小拿破崙」，並把他當作大人對待。外公參加過摧殘哥倫比亞全國的千日戰爭，多次向孫子講述，那場悲慘的內戰深深烙印在馬奎斯的腦海中，對日後《百年孤寂》的誕生具有重大影響。外公不僅是《百年孤寂》主角奧雷里亞諾．波恩地亞上校的原型，也反映在其他各種角色中。

是《百年孤寂》女主人公烏蘇拉的姓氏「伊寬南」，寇特絲則讓人想起奧雷里亞諾二世的情婦，也是生育和財富女神及女先知，或那個被稱為「加爾博」的女人柯提斯。事實上，其中很多都與烏蘇拉這個角色重疊。「tranquilina」在西班牙文意指「平靜」，可烏蘇拉恰恰相反，她是個忙碌了一百年的角色，支配著這個家每一處角落。

在以咖啡聞名的哥倫比亞，是用喝完茶或咖啡後留在杯底的茶葉或咖啡渣來占卜，以韓國人的觀點而言就像用米粒算命一樣荒謬。但對馬奎斯的外婆來說，迷信是人生信仰和生活信條。只要有外孫試圖打開雨傘，就說不知道誰會死，馬上把傘收起來，又或者稱青蛙為女巫等，各種說法不斷刺激著小賈伯的好奇心。由於經常在家裡看到鬼魂的外婆特蘭基利娜是家中實際主宰者，使得每位家庭成員都不得不對迷信愈來愈熟悉。

以外婆為原型的烏蘇拉，同樣是一個既有現實感又迷信、深諳世事的角色。她是實際的一家之主，靠著賣動物造型糖果和經營麵包廠賺了很多錢，擴建房屋、打掃家裡、捐出巨額資金建造大教堂；大聲責難習慣隨意處決任何人的「獨裁者」阿爾卡迪歐是個殺人犯；撫養了十七個孩子，包含丈夫與他人生下的孩子在內；比任何人都還為被自己的女兒阿瑪蘭塔毒殺、委屈死去的兒媳蕾梅蒂絲感到悲痛；她聰明的丈夫成了瘋子，被綁在家裡的栗樹邊求生不得、求死不能時，照顧並包容他。在那段丈夫和兒子無法克服戰爭創傷，埋首煉金術和銀器的漫長歲月裡，她為家人做出了各種犧牲，為他們收拾殘局。她到底是多辛苦，使得獨裁者阿爾卡迪歐的妻子聖塔蘇非亞為了讓女兒少受些苦，斷然拒絕了丈夫為女兒取名「烏蘇拉」的意願呢？

烏托邦之路

碰巧，我也像一百年的馬奎斯一樣，正從巴蘭基亞前往阿拉卡塔卡，那兒是馬奎斯的家鄉，也是烏托邦馬康多的原型。幸運的是，我不需要和馬奎斯一樣坐上讓人暈船的船隻，但通往烏托邦的道路的確不容易。今日如果打算前往偉大的烏托邦，建議準備一本厚厚的小說或數獨之類的東西。還有，想抵達烏托邦只能搭乘盡可能延遲出發但決不道歉的客運。這輛客運會隨機停在任何一個站點，愈多愈好、每次搭載的人也愈多愈好，途經一條對你的背和臀部施加最大壓力的道路，並在最終抵達前十分鐘拋錨，引擎同時發出奇怪聲響，讓人對於耐心擁有全新的體驗。

二〇一八年七月十一日，我早上八點起床，前往巴蘭基亞的西蒙波利瓦爾地區（Simón Bolívar）客運站，早早搭上了車。上車後很久車子都沒發動，各種攤販倒是上了車。蘋果、花生棒、零食、麵包和巧克力棒，大部分的價格約為兩千披索，也販售包括肉類配菜在內的午餐。攤販的特點是脖子上掛著可樂罐，一邊的肩上放著一個上頭纏有黃色膠帶的保麗龍盒。他們熱切地招呼客人，奮力喊著「促銷！」（promoción）。

就在我們終於要出發時，出現了一個肩上扛著一座落地鐘的男人，看起來就像一尊巨大的布穀鳥，感覺可以用這尊神像裝飾新婚夫婦的房間。已經旅行了一個月的我就像車窗外那匹拖著滿載柴火的馬車穿過水坑的馬，慢慢適應了時間。

客運在充滿了各種灰塵、氣味，還有落地鐘的滴答聲後終於出發。沒有水、門沒有鎖、上廁所時要扶著門把的男女共用廁所，椅背一直往後倒下的座椅，帶著奇怪的預感睜開眼睛時看到蟑螂從身邊經過，終於，驗票員來收票了。我的內心十分不安，詢問這輛車是不是去阿塔卡拉卡，他馬上回答「賈伯！」，我們用這個詞解決了所有的對話。

客運開往埃爾西諾（El Chino）時，經過了馬格達萊納河上一座大橋，接著是連接謝納加和巴蘭基亞的九十號國道（Ruta 90），雙線公路左側（北側）是波濤洶湧的大海，右側（南側）是平靜的河流。我們花了三十分鐘，行駛了大約四十公里後，終於見到謝納加，近一百年前發生香蕉大屠殺之地。

從謝納加出發，改走四十五號國道（Ruta 45），朝著與聖瑪爾塔相反的方向下山，一片寬廣的香蕉農場在眼前展開，謝納加引起農場罷工的茂密高大香蕉樹令人印象深刻。我以為只要再三十分鐘路程所以閉上了眼睛，現在卻不得不醒來，客運好像拋錨了。這次，我終於脫下了從韓國一路穿著的厚外套。這種事好像經常發生，沒有任何人抗議。幸好不是什麼太大的問題，所以馬上就重新上路了。

約莫一個小時後，出於某種說不上來的微妙感覺，我毫無顧忌地下了車。這是一條荒涼的道路，更不用說有沒有城鎮。萬萬沒有料想到那條塵土飛揚的路就是幸福的烏托邦，後來才發現，我要去的阿拉卡塔卡早在十分鐘前就該下車。由於阿拉卡塔卡稱不上是一個區域，而是個隱藏版小鎮，甚至很難找著公車站。這時，一輛三輪自行車從身邊經過，我很勉強上了車。司機是個二十多歲的男人，副駕駛座坐著一個五歲左右的男孩。看著年輕的父親決定在不放下孩子的同時工作，奮力踩著踏板，返回阿拉卡塔卡這二、三十分鐘車程讓我感覺十分遙遠。

等我看到一幅某人畫的馬奎斯側臉粗糙壁畫時，才發覺自己已經抵達了阿拉卡塔卡。就算沒有「加布列．艾利希歐的長子獲得諾貝爾文學獎」，我以為會有寫著「賈伯村」或「歡迎來到馬康多」的告示牌或標語。來到阿拉卡塔卡，我意識到「烏托邦不會隨意向任何人敞開大門」。

通往阿拉卡塔卡的路

通往馬奎斯創造的烏托邦原型阿拉卡塔卡的道路，途中歷經曲折，就如同通往烏托邦的不易。因滿載各路商販而遲遲不發車的客運盡可能多停幾站，奔馳在最費體力的路段上，有的地方還因拋錨而延誤。再加上阿拉卡塔卡是個隱蔽小鎮，更難找到公車站牌，這讓我意識到，烏托邦不隨意對任何人開放。

馬康多的實際參考背景地阿拉卡塔卡

與西方古典神話中的阿卡迪亞、東方的桃花源、威廉·福克納小說中的約克納帕塔法郡相提並論的馬康多，是馬奎斯在書中創造出來的烏托邦，名稱源自他小時候住的加勒比海沿岸小鎮阿拉卡塔卡某一座農場。在《百年孤寂》中，荷西·阿爾卡迪歐·波恩地亞殺死了自己的朋友並離開故鄉，遷移到有著光滑潔白石頭、清澈河水流淌的河邊小鎮馬康多定居。從那時起，經歷六代人的波恩地亞家族在這裡寫下了他們的興亡盛衰。

榕樹和外祖父的銀匠工房

我不期望有類似仰慕金正日的金正日花或是列寧的死亡面具這類紀念品，但以為至少有馬奎斯的半身像或雕像。不，就算退一百步，我也以為至少會有一家販售馬奎斯紀念品的商店，至少可以買到繪有馬奎斯鬍鬚的杯子、鉛筆或筆記本。但阿拉卡塔卡的馬奎斯外公家只是一座普通的博物館，旅遊手冊說雖然值得一去，「因為是馬奎斯住過的房子」，卻也暗示著不值得搭乘得與蟑螂為伍、嘎嘎作響的客運前往。

我去的時候，馬奎斯離世不過五年左右，不知道是否因此尚未開發出成熟的「馬奎斯商品」。小鎮圖書館亦然，規模不如首爾的社區圖書館，裡頭亂七八糟，積滿灰塵的書比我家書櫃裡積灰的書還多。在馬奎斯那一堆書籍中，我完全不期望有一台大螢幕介紹他的作品世界，甚至覺得當下就該成為志工，馬上把那些書一一排列整齊，也很快就意識到，如果想看巨大的壁畫或實際意義上的紀念館，得去波哥大才行。

阿拉卡塔卡的外公家曾經擠滿很多人。翻開馬奎斯的自傳，所有造訪過他外祖父母家的人，都在他的小說《百年孤寂》中以各種不同的方式生活、呼吸著。

想到不只馬奎斯的外祖父母、父母和他的弟弟妹妹們，還有外公的姊姊、舅舅的私生子等十幾、甚至幾十人光顧過的白色木屋，我的內心慢慢平靜了下來。幸運的是，由於馬奎斯在《活著是為了說故事》中的出色記憶力，許多回憶都復原了。統一的紅木色家具、擺設簡單的房間，以及刻有馬奎斯書中語錄的白牆，展現了極簡的極致。

有兩個原因讓我想住在這間房子裡。第一是像怪物般聳立在院子中央的巨大榕樹，那樹齡肯定超過一百年或兩百年，也讓我想起波恩地亞家族的第一個人，荷西．阿爾卡迪歐．波恩地亞被綁的那棵栗樹。這棵生長在聖瑪爾塔熱帶氣候中的樹十分巨大，即使住在這裡的幾十個人手牽著手也無法環抱。樹幹和樹根像怪物爪子一樣長且大膽地伸展著、像網子似地盤根錯節纏繞在一起，牢牢地嵌在地面上。荷西．阿爾卡迪歐．波恩地亞是發現馬康多的開墾者和先驅，但晚年成了瘋子，被綁在一棵栗樹邊結束了生命。這棵樹也是年邁的烏蘇拉在丈夫身邊安息靈魂的避風港。

荷西．阿爾卡迪歐．波恩地亞去世時彷彿國王駕崩，黃色花朵宛如落雨般堆積在房子上，鎮上的人用鏟子剷除鮮花的場景成了馬康多曾有過的最夢幻場景。荷西．阿爾卡迪歐．波恩地亞之所以死得安詳，大概是因為他在與因為他被綁在樹上，五十年來一直懷抱罪惡感的普登修．阿奇勒交談時，解決了人生中所有恩怨情仇後才死去。因此，為了讓荷西．阿爾卡迪歐．波恩地亞與偉人的死亡相提並論，便以鮮豔美麗的黃色花朵形

馬奎斯度過童年時光的外祖父母家

小賈伯七歲前和外祖父母一起住在阿拉卡塔卡，父母則為了生計不得已搬到另一個地方。參加過千日戰爭的外公是個現實主義者，無數次對孫子講述一九二八年發生的香蕉大屠殺；沉浸於迷信和巫術的外婆則是個充滿幻想的人。現實與幻想兩種情感體驗成了馬奎斯日後創作出魔幻現實主義的基礎。

外祖父母家院子裡的榕樹

這棵巨大的榕樹宛如好幾棵樹聚在一起，給人一種奇異又神奇的感覺，樹齡肯定超過一百年。在《百年孤寂》中，建立馬康多村的荷西·阿爾卡迪歐·波恩地亞後來變成瘋子，被綁在栗樹邊長達五十年之久，這棵樹讓人想起他死去的場景。

象結束了他的一生。黃色花朵的形象延續了後半段毛里西奧・巴比隆尼亞的黃色蝴蝶形象，被認為是作品中最美麗的時刻。

荷西・阿爾卡迪歐・波恩地亞決鬥的故事取自於馬奎斯外公的真實故事。他的外公謀殺了普登修・阿奇勒的原型，也是他的同志梅達多・帕伽科（Merardo Pacheco）。村落因為這件事四分五裂，外公也被判了一年有期徒刑，在監獄裡度過了一段時間。馬奎斯對此表示，他親自承繼了祖先的業報，對死者和他們的家人深表同情。

我想住在那間房子的另一個原因是銀匠工房。梅賈德斯、荷西・阿爾卡迪歐・波恩地亞、奧雷里亞諾・波恩地亞上校、荷西・阿爾卡迪歐二世等馬康多的主宰者們都曾在那隱遁。那個房間裡，馬奎斯的外公尼可拉斯退役後擔任銀匠的痕跡統統完好無損，一張有兩個抽屜的小木桌上放著鑿、鏨和其他會用到的簡單物品。外公禁止家裡的婦女進入這個銀匠房間，以免打擾他最大的樂趣。

馬奎斯的外公是個幸運兒，因為他是擁有愛好的退休人士。他原本可以玩骨牌或西洋棋這種適合退役將軍的策略遊戲，但骨牌和西洋棋都是微型戰爭，很可能他已經玩夠了。他為什麼選擇銀匠這孤獨的職業呢？事實上，尼可拉斯從十七歲起就一直是銀匠，製作銀器既然不是工作而是興趣的話，他倒是滿願意孤軍奮戰的。

我很驚訝尼可拉斯的工作台這麼小。我想像著一個退役上校面對著牆壁的背影，將孤獨刻成了馬格達河麗脂鯉。牆壁左下角，比成人膝蓋再低一點的地方有個小而美的塗鴉，是小賈伯在外公身邊畫的火車，五顏六色，可愛得像個孩子，讓我笑不攏嘴。在外公的銀匠工房牆壁畫畫成了某種習慣，即使長大以後，馬奎斯仍會在任何地方畫畫。我對於小賈伯為什麼偏偏畫了火車有很多想法。正是這列火車，將許多外地人帶到了馬康多，也因為他們，這台火車載著許多屍體、傾倒在海中，而這輛火車，最終也促成了馬康多的瓦解。

馬奎斯外祖父母的餐廳

我在馬奎斯去世約五年後拜訪他外祖父母的房子，也許是因為尚未開發出「馬奎斯周邊商品」，這裡只是一間普通的博物館，儘管如此依然人山人海。我看到很多進出過這間屋子的人，都在《百年孤寂》中以各種方式生活著。

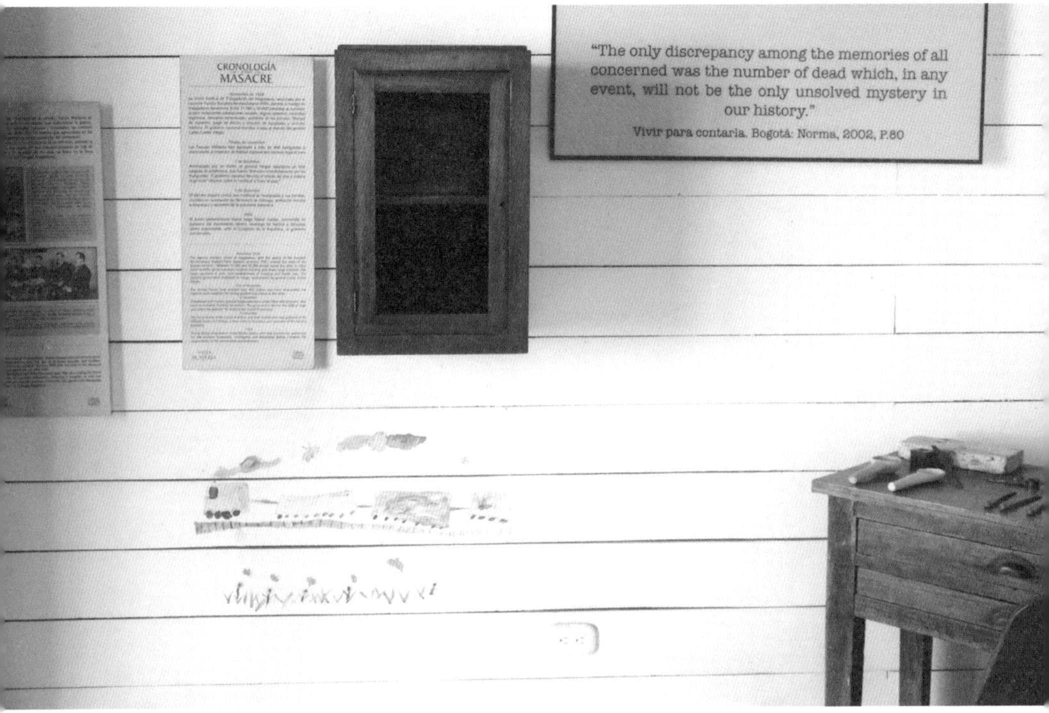

小賈伯畫的火車

阿拉卡塔卡有一間馬奎斯外公退伍後工作的銀匠工房，也就是《百年孤寂》中波恩地亞家族男人們隱遁的房間原型。馬奎斯的外公用孤獨雕刻了小金魚，小賈伯在旁邊畫了一輛可愛的火車。

名為馬康多的烏托邦

世界上最明亮、最美麗的地方

既然身為說書人，馬奎斯理應為了充滿愛、幸福和永恆的夢想烏托邦創造一個全新的村落。著名的「馬康多」就是他創造的新烏托邦的名字，取自古典希臘神話的「阿卡迪亞」（Arkadia），以及與他住的阿拉卡塔卡十分相似的威廉・福克納小說中的烏托邦「約克納帕塔法郡」（Yoknapatawpha）。馬康多是他阿拉卡塔卡家附近一座農場的名字，不了解馬康多，就無法了解馬奎斯的世界。

二十三歲時，身為法學院學生的馬奎斯雖為家族之光，但他不顧父親的反對，從大學退學改當作家，並在巴蘭基亞結交了許多朋友。就在這時，母親路易莎突然出現，帶他前往阿拉卡塔卡去賣外公的房子。這個事件十分重要，沒有那次旅行，《百年孤寂》不可能問世。

為了從巴蘭基亞回到阿拉卡塔卡，母子搭乘一艘舊船穿越謝納加廣袤的沼澤，度過了一場漫長而艱難的旅程。最後，由於母親路易莎不忍心賣掉自己和家人永遠的家，改變了心意。如果不是她的決定，小巧的白色屋子、房子中間那棵令人嚮往的巨大樹木，還有《百年孤寂》，一切很可能就此永遠消失。

幾年前，我在南美洲旅遊時看到了很多「馬康多」。馬康多是書店、餐廳、咖啡廳或酒吧的店名，甚至還有馬康多交響樂團和搖滾樂隊。馬康多已經成了一個名詞，就像韓國人把所有匿名的名字都稱為「洪吉童」一樣。在網路未普及的地區想找「馬康多飯店」的話，可能得在老式電話簿裡連翻數十頁。以馬康多已經傳遍全球的名氣來看，我以為阿拉卡塔卡至少會有「馬康多咖啡館」和它隔壁的「馬康多書店」，然後旁邊還有一間「蕾梅蒂絲餐館」。雖然有幾間旅館的確叫做馬康多，但沒有我預期的門庭若市景象，映入眼簾的，是馬奎斯的街頭塗鴉和安靜的小鎮。

在拉丁美洲經常看到
馬康多這個名字

我喜歡阿拉卡塔卡的「無」。這裡感覺得到與馬奎斯一百年前住在村子裡時相似的感受，和我幾年前去古巴的感覺雷同。馬奎斯誕生已經過了一百年，阿拉卡塔卡依然是個尚未被資本觸及的地方。麵包店、照相館、紙牌計算器、自動販賣機等經常使用的東西和地方，原封不動地保留著，還有杏樹、長椅、打牌的老人和小學等等這些必須留存的景致。

繞了小鎮一整圈，依然沒找到馬奎斯的雕像，最多就是火車站周邊那些刻有書中文句的紀念碑。火車站很安靜，因為來來往往的火車並不多，車站附近放著馬奎斯獲得諾貝爾文學獎時的照片，讓我放心地想說「這就是阿拉卡塔卡吧」。

《百年孤寂》的原型

當廚房般的火車帶著五顏六色的黃色花朵第一次來到馬康多，馬康多正踏上興盛之路。奧雷里亞諾二世和佩特拉．柯提斯用兔子或牛當作獎品販售彩券，牲畜繁殖速度之快，他們開始累積財富。貪財的奧雷里亞諾二世用一披索鈔票貼滿了屋內屋外，並把剩下的錢撒在院子裡。只有烏蘇拉對此有所警戒，撕掉奧雷里亞諾二世貼的所有鈔票，結果翻出了重達兩百公斤的金幣，她卻只在上面吐了口口水後埋起來。然而，沒有任何事物能阻止馬康多的活躍。

當村裡的老房子被拆、水泥磚房林立時，荷西·阿爾卡迪歐二世更進一步，挖了一條通向大海的運河。當他利用弟弟奧雷里亞諾二世的事業資金建造一條從馬康多直抵大海的運河時，十七個奧雷里亞諾之一的奧雷里亞諾·特里斯德帶進了火車、燈泡、電影、留聲機和電話，另一個奧雷里亞諾·山德諾經營製冰業。可是沒過多久，奧雷里亞諾就被惡人殺害，也為後來馬康多的悲劇埋下了伏筆。隨著毛里西奧·巴比隆尼亞和他的黃色蝴蝶被殺，金髮外國人（Gringos，指稱所有美國人）接管了該鎮，馬康多逐漸失去了原來的面貌。

《百年孤寂》出現的十二年前，馬奎斯在他的處女作《枯枝敗葉》著墨了這樁事件。《枯枝敗葉》以他最愛的希臘神話人物安蒂岡妮[1]的悲劇為題材，幾乎可說是借福克納之手寫成，以自嘲的方式表現馬康多被香蕉熱席捲後的孤獨。

發生殘酷的香蕉大屠殺之後，某個星期五下午兩點，陽光明媚，馬康多乾涸了十

1 Antigone，希臘神話中忒拜國王伊狄浦斯與王后伊俄卡斯忒的女兒。

阿拉卡塔卡火車站

馬康多開始歌頌繁榮之際，一輛黃色火車駛來，在村裡播下了悲劇的種子。火車帶來了大批外地人，之後發生了悲劇香蕉慘案：三千名工人在罷工中犧牲，被火車載離、倒入大海。經歷長時間的大雨和乾旱之後，馬康多陷入了深深的孤寂。

年、成為廢墟，人們棄家遠去、香蕉公司也完全撤離，城鎮停擺，被鳥兒遺忘，變成了因火蟻發出的巨響而無法入眠的城鎮。馬奎斯用這種方式心焦地懷念無可挽回的馬康多，在《枯枝敗葉》中更直接表達了對香蕉公司的怨恨。據說馬康多因為香蕉的枯枝爛葉而興盛，也因此而衰落。

阿拉卡塔卡

馬康多的原型阿拉卡塔卡，一個出現在馬奎斯所有作品中的城鎮，小巧又安靜，連一尊像樣的馬奎斯雕像都很難找到，讓人不得不懷疑這裡究竟是不是大師的出生地。這裡尚未被資本主義觸及，很容易想像一百年前馬奎斯生活時的光景。

馬康多的時間

你記得自己出生那一天，那你記得出生的時間、當天的星座、當月的誕生花或誕生石嗎？還有，你記得是星期幾嗎？大部分人都摸不著頭緒。為什麼人們不在意星期幾？或許因為是太過無趣的反覆，所以覺得不值一問吧。

就像我出生在一星期中的某一天，我將在一星期中的某一天死去，機率被縮小到了七分之一。我們不知道自己什麼時候會死，但如果想像著那將發生在一星期中的某一天，便感覺生命真的十分短暫和單純。星期幾往往比日期具有更精確的特徵。對我來說，每一天的定義就像這樣：星期一是我不想醒來的日子，星期二是修飾語「不過才」的日子，星期三是我看到渺小希望的日子，星期四是修飾語「還沒嗎？」的日子，星期六是最開心的日子，星期日是下午四點開始焦慮的日子。那麼，馬康多的一個星期裡都發生了什麼事？

星期一——

• 失眠症降臨馬康多，鎮上每一個人都無法入睡並保持清醒的那一天。

星期二——

- 皮耶特・克雷斯畢固定來波恩地亞家吃午飯的日子。
- 那一天，奧雷里亞諾・波恩地亞上校率領二十一名全副武裝的青年，出其不意地攻占了指揮部，任命阿爾卡迪歐為馬康多的指揮官，並離開馬康多與革命軍會師。
- 在馬康多簽署停戰協定的日子。

星期三——

- 鐵路來到馬康多的日子。
- 赫伯特先生、布朗先生、律師、騎士、農學家、水文學家、地形學家、測量員和妓女到來的日子。
- 阿爾卡迪歐被處決的日子。
- 一位老修女到來，將梅妹兩個月前出生的兒子奧雷里亞諾交給費蘭妲・卡爾皮歐的日子。

星期四——

- 烏蘇拉的女兒阿瑪蘭塔出生的日子。

星期五——

・馬康多持續四年多的雨季結束，十年乾旱開始的日子。

・阿瑪蘭塔對蕾梅蒂絲下毒的日子。

・香蕉大屠殺之日。

星期六——

・奧雷里亞諾二世和一個大食量的女人比賽吃東西的日子。

・來到馬康多的外國人舉行舞會的日子。

星期日——

・奧雷里亞諾・波恩地亞上校和蕾梅蒂絲的結婚日。

・蕾貝卡帶著父母遺骸出現在馬康多的日子。

・自由黨和保守黨之間的投票日。

・香蕉園工人訴求休息的日子。

在馬奎斯的小說中，時間沒有任何意義。馬奎斯的時間只是一個沙漏，一旦被翻轉，就意味著新的開始。馬康多是一個包含了時間的空間，但因為時間被打亂，事實上是一個沒有任何意義、過去的空間。這是貫穿馬奎斯小說世界的一條共同主線。

由於時間沒有意義，即使是最重要的事件香蕉大屠殺，在《百年孤寂》中也只是簡單地呈現為星期幾，而非日期或時間。由於具有重複的特點，星期幾成了一種強化永恆輪迴主題和重複敘事的裝置。在馬康多這樣容易成為原始部落的城鎮裡，幾個月、幾天、幾小時，是一個過於現代的概念，所以藝術家可能會大膽地省略它。經歷了六代人的奇怪家族像反覆記號般不停重複著亂倫、不忠、戰爭和執著等失敗與磨難，時間則宛如螺旋狀頭尾相接，這兩種手法或許都是為了描述透過亂倫延續的波恩地亞家門的必要手段，也是我永遠想讀這個故事的原因之一。亂倫是一種徹底防止外界進入並延續血脈的方式，是馬康多從外部保護自己的手段，最終卻成了一把雙面刃，讓此地自取滅亡。馬康多的居民是具有自我保護本能的普通人，他們順從本能，最後自我毀滅。原始的部落衝動無法阻擋西方的理性和合理，只活在星期一、星期二、星期三、星期四、星期五、星期六和星期日的人，沒有所謂的歷史。第四十八個星期之前的星期二與第七十二個星期之後的星期六重複，第九十六個星期後的星期三與三十二個星期前的星期一無關。蝴蝶效應無法直接解釋因果關係。蜉蝣般的人類在衝動驅使下活著，並在突如其來的事件面前無助地崩潰，無法目睹從「愛」這個極富人性化的行為起始，卻因為蝴蝶效應而導致整個部族毀滅的過程。人類在一個排除了時間的世界中會感覺自己像被困在一個盒子裡，當這種情況反覆發生，剩下的就是空虛與虛無。借用馬奎斯在諾貝爾文學獎頒獎典禮的演說，就是「孤獨」。無法找到自己的身分認同，被他人的標準和準則所解釋和理解，自身的自由受到拘束，正是馬康多變得孤獨的原因。

馬康多如何忍受孤獨

旅途中，我最孤獨的時刻是晚上停電的時候。一個月內經歷過兩次停電，當第三次在阿拉卡塔卡發生時，我並沒有太慌張。隨著時間的麻痺，我又熱又煩躁，想起了足球、想起了當地餐館午餐時段供應的飯和肉類小菜，還有桌布上五顏六色的圖案、用鮮花裝飾的牆壁。直到燈在一個小時後重新亮起前，我不得不努力讓自己不感到孤獨。我不停地想東想西，想法變得愈來愈執著。

執著是一種古老的人類欲望。人類感覺到逃避的欲望時，同時也感覺到禁錮自己的欲望。你試過研究一些看起來真的沒用的事情嗎？在某種程度上，這被稱為一種超越依戀、執著、痴迷和成癮的疾病；一種不願向他人訴說的滿足感，即罪惡但快樂。

看著馬康多眾角色，便感到罪惡且快樂的情感溢出，而且似乎超越了單純快樂和滿足，近乎瘋狂。使馬康多的孤獨與眾不同的，無疑是它的「瘋狂」。

就連失眠症席捲這座《百年孤寂》裡的小鎮時也是如此。雖然人們試圖尋找像是延長的時間一樣有意義的事物，卻反而失去了記憶。荷西·阿爾卡迪歐·波恩地亞將思緒專注於被他殺害的普登修·阿奇勒，並全神貫注地閱讀羊皮紙，烏蘇拉潛心於釀酒或從賣動物造型糖果的生意中賺錢，不僅是他們，馬康多全體居民「開心地舔著美味的染上失眠症的綠色公雞糖果，和染上失眠症的黃色小馬」，全數被失眠症籠罩，凌晨三點聽華爾滋舞曲，幾個小時內重複相同的笑話，這些瘋狂的活動同樣源於孤獨。此外，奧雷里亞諾·波恩地亞上校對於製作銀器和阿瑪蘭塔對於壽衣的投入，似乎都超越了簡單的興趣。

「馬康多」在《百年孤寂》中出現了一百七十八次，「孤獨」出現了四十八次。如果馬奎斯沒有試圖用小說重現阿拉卡塔卡大屠殺的事實，馬康多將一直孤獨下去，這也代表了孤獨與馬康多密不可分。孤獨伴隨著焦慮、絕望、放棄和遺憾。小說中的人物嘗試透過反覆的行動來化解，一遍又一遍地重複那些大部分毫無意義的行動。然而，我們去上學、上班、吃飯等一系列為生存而做的活動，同樣是透過重複組成。

那麼，有意義的重複和無意義的重複有何區別呢？只是觀點不同而已。如果說奧雷里亞諾．波恩地亞上校的孤獨等同於放棄，烏蘇拉的孤獨就是悲傷，蕾貝卡的孤獨就是遺憾，阿瑪蘭塔的孤獨就是反省，荷西．阿爾卡迪歐．波恩地亞被綁在樹下的孤獨就是恐懼本身。他們每一個人都像強迫症患者一樣，透過煉金術、打掃、性或愛、隱居等，各自重複瘋狂的行為，試圖擺脫孤獨。

◆◆ 荷西．阿爾卡迪歐．波恩地亞的煉金術

普登修．阿奇勒被殺，村落瓦解時，荷西．阿爾卡迪歐．波恩地亞迷上了他向來感興趣的發明和煉金術，最終導致精神崩潰，終其一生被綁在栗樹邊。

◆◆ 奧雷里亞諾．波恩地亞上校的黃金魚

波恩地亞家所有男人都著迷於銀匠工藝的黃金魚，「黃金」一詞源於拉丁文「aurum」，奧雷里亞諾們帶著工具獨自走進作坊製作銀器，就像一個下班後關上門玩線上遊戲的人。當上校從失眠症中恢復時，他的製銀技術來到了近乎完美的地步。

馬奎斯外公製作銀器的工作檯

和馬奎斯的外公一樣，荷西．阿爾卡迪歐．波恩地亞、奧雷里亞諾．波恩地亞上校和荷西．阿爾卡迪歐二世等領導馬康多的人，將自己鎖在銀作坊內，沉迷於製作銀器。除了簡單的嗜好，他們還透過被視為瘋狂的反覆行為來應對籠罩於城鎮的孤獨。

◆◆ 阿瑪蘭塔的壽衣

阿瑪蘭塔毒死了蕾梅蒂絲，使得皮耶特・克雷斯畢與蕾貝卡的婚禮再一次延後，但她幾乎沒有表現出任何情緒。做為一個未被處死的罪犯，阿瑪蘭塔的餘生活在比監獄還惡劣的情感牢籠裡，與人的基本需求隔絕，即使面對她最愛的奧雷里亞諾・波恩地亞上校的屍體也哭不出來，而是為他換衣服，刮鬍子，梳理頭髮。阿瑪蘭塔還為蕾貝卡做了好幾年的壽衣，懷著仇恨祈禱，希望自己不要在蕾貝卡死之前先死，但她的願望沒有實現。預感到死亡後，阿瑪蘭塔在家中無休止製作的壽衣最終成了她自己的壽衣。過程中，她了解了製作小金魚的奧雷里亞諾・波恩地亞上校，並自仇恨中解脫。

◆◆ 蕾貝卡的土

來自馬瑙雷村的十一歲女孩蕾貝卡有一天突然出現，手裡提著一個裝有父母遺骨的袋子。她是荷西・阿爾卡迪歐・波恩地亞的親戚，也是個孤兒，由於吸吮手指和吃土的習慣導致健康狀況不佳。雖然蕾貝卡逐漸成為家人，恢復了健康，但無法改掉吃土的習慣，以吃院子裡潮溼的泥土和用指甲刮下牆壁的石灰過活。對於飽受失眠症之苦的她來說，土是唯一能讓她忘卻孤獨的「食物」。吃土壤、紙張和金屬等非食物的症狀稱為異食癖，是一種女性在懷孕後有時候會因為荷爾蒙產生變化而出現的疾病。經過烏蘇拉的替代療法，蕾貝卡的異食癖似乎略見好轉，但經歷初戀的失敗和謀殺丈夫荷西·阿爾卡迪歐的負罪感後，她封閉了自己，在孤獨達到臨界點時又開始吃土。

《百年孤寂》可說是一部滿足了人類封閉欲望的小說。我們之所以沉浸於對隱居和禁閉的渴望，自願流亡，是因為唯有如此，孤獨才會讓我們感到愉悅而非痛苦。馬奎斯是最會描繪隱士的作家之一，[2]他並不是用悲慘的方式，而是以詼諧的手法描繪隱士，提醒我們大多數人都是在隱居中死去的事實。就像烏蘇拉乾癟的皮膚在失去生命力的過程中慢慢地被捲入死亡，這是一種相當自然的現象。

2 除了《百年孤寂》的角色痴迷於羊皮紙、銀器和壽衣，其他作品中的角色也都經歷過閉關修練。《枯枝敗葉》的醫生十七年未出門，《獨裁者的秋天》的酋長因不信任感而迷戀鎖具。

另一個馬康多，蒙波斯

蒙波斯（Santa Cruz de Mompox）是馬奎斯妻子梅西迪絲・巴爾恰・帕爾朵（Mercedes Raquel Barcha Pardo）小時候讀過一年書的地方，既是方濟各修女會聖心學校所在地（她與悲劇的主角瑪格麗塔・奇卡・沙拉斯[3]同住一個房間），也是梅西迪絲從麥德林回來時與馬奎斯一起遊玩的地方。

蒙波斯位於哥倫比亞內陸深處，想到要再次乘坐那可怕的客運，我想直接放棄。再加上從起點卡塔赫納直接去巴蘭基亞更容易，只停留一、兩天的話負擔太大了。儘管如此，我還是執意前往那偏僻的城鎮，因為遊記上寫著「比阿拉卡塔卡更像馬康多的地方」。

我早上五點起床，六點搭上計程車。只需要二十披索就能抵達市中心，前往客運站的距離是去市中心的兩倍。與智利和阿根廷一樣，卡塔赫納總站在購買客運車票時需要護照。前往蒙波斯的客運很便宜，但沒有安全帶，座位也很窄。Unitransco 客運行駛在泥土路上，緩慢得像氣喘患者正在咳嗽。我嘗試慢慢入睡，但車子的聲音太大了，好幾次讓我感到噁心。看看外面的風景，每台摩托車上基本都是兩個小孩、兩個大人。害怕半路攔車搶劫的我摸了摸肚子上的防盜腰包，想著等待我的該不會是反烏托邦吧。

然而，六個小時後到達的蒙波斯氣氛十分夢幻，讓我不禁覺得「就算一路上要吐滿三個塑膠袋也值得」。提到蒙波斯，大家最先想到的就是蒙波斯河（Brazo de Mompos），這條河沿著劃分馬格達萊納省（Magdalena）和玻利瓦省（Bolívar）的邊界流淌，小學自然課解剖時摸到的布袋蓮和成堆的樹葉漂浮在泛黃的河面上。前往住處前，我在河畔一家餐廳稍微放下行李，狼吞虎嚥地匆匆吃頓午飯，卻被一隻流浪狗盯上了。那狗瘦巴巴的，我忍不住給了牠一塊肉。一隻和前臂一樣大的鬣蜥在河裡游，把河水弄渾濁了。一開始我很興奮，不停拍照，後來卻看到很多隻宛如在村裡遊蕩的流浪狗般的鬣蜥。

打從這趟旅行開始，這是我頭一次感到輕鬆自在。抵達旅行目的地時，我總是煩惱要去哪裡、預訂下一個地方的住宿、要看什麼和記錄什麼，但當我看著悠然流淌的蒙波斯河，所有煩惱全煙消雲散。

蒙波斯保存完好的殖民時期房屋給人一種這座城鎮完全與世隔絕的感覺。基本上，

3 請參閱一四二頁。

大部分的房子都有四百到五百年歷史，天花板比普通房子高一倍，每間房子的門統統敞開，大可從大門直接看到門內的客廳。古色古香的寬闊拱門下，每間客廳都放了一把象徵放鬆的搖椅。有些房子的窗戶裝有鐵條，但大多數甚至連百葉窗都沒有。這裡最容易破產的事業就是保全系統公司，不然就是襪子和鞋子。大家都不愛穿鞋，頂多穿拖鞋，但連穿拖鞋的人都很難找。當然，更難找到穿襪子的人。對於蒙波斯的孩子來說，襪子可能是史上最糟糕的聖誕禮物。

蒙波斯幾乎找不到天花板低矮的房子，高高的天花板上方是一扇車窗大小的窗戶。清晨的陽光傾瀉而下，被這樣的陽光照射時，內心總是一陣悸動。

那晚突然下起了雨，屋頂的雨聲很大，我剛入睡就做了一個複雜得像大衛．林區電影般的夢。長途旅行的日子裡，我總是做這類夢。醒來起身時，我感覺周圍仍一片漆黑，電力公司正在大規模施工，整個玻利瓦省都停電了。又累又熱，我無法待在屋內，隨意地走出了門，繞著蒙波斯河走了一圈。

就像韓國孩子偷摘西瓜，哥倫比亞孩子偷摘芒果，馬奎斯小時候偷摘芒果被乾爹抓到時也被責罵。看到孩子們在蒙波斯河前爬樹摘芒果，我聯想到了馬奎斯，孩子們運用修長的四肢、赤著腳，宛如忍者般爬到了芒果樹頂端。就像早已做過很多次一樣，他們熟練地搖晃樹木，只有成熟的芒果掉到地上。沒有刀，他們只用門牙吃起了芒果。

樹前的房子裡住著一位鬣蜥奶奶，當她用塑膠籃子敲敲隔開房子與蒙波斯河的牆，鬣蜥們發出了嘶嘶聲，一隻接一隻地聚過來。奶奶丟給牠們剩飯剩菜，然後來了更多鬣蜥，近十幾隻聚集在柵欄下。有的帶有保護色藏在樹上，等牠們動起來時，我驚奇地發現最大的竟然有一隻貓伸懶腰時那麼大。另外，鬣蜥移動時會發出一種很特別的聲音，聽起來真的很像貓咪的鈴鐺。

我突然想到，一百年前，馬奎斯的童年一定就是這樣度過的。我無數次想像小賈伯光著腳丫，抱著鬣蜥在河裡游泳，過著自由自在的生活。很慶幸二十一世紀還有這樣的村落，時間就此停止，我想繼續住在這裡。

原本應該下午一點接通的電力直到下午四點才接通。和我同住的人無精打采玩起了多米諾骨牌，重重地嘆了口氣。下午六點，耐心幾乎達到極限時，一盞明亮的燈亮了起來。

偷摘芒果的孩子

就像韓國農村裡偷摘西瓜的孩子們一樣，蒙波斯的孩子摘芒果。他們像忍者一樣爬到樹頂，熟練地將成熟的芒果搖到地上，再用門牙啃著吃。一百年前的小賈伯同樣打赤腳走路、在河裡游泳和摘芒果。

日落時的蒙波斯河

雖然蒙波斯河很髒，偶爾有動物屍體漂上岸，孩子們還是在河裡洗澡、在輪胎船上玩耍。最初皺著眉頭看著受汙染河流的旅人們漸漸習慣了赤腳行走，深深潛入河中。蒙波斯人帶著自由的靈魂，只不過是一天又一天地適應既有環境，看起來卻比旅人更幸福。

在蒙波斯能看到什麼

寫下蒙波斯之旅讓我再次感到幸福。回想起來，我認為蒙波斯是一個接近真實馬康多的烏托邦。每天早上醒來總是嚴重過敏、打噴嚏的我，奇蹟般地感受到了數年來未曾有過的呼吸通暢。這是我第三十五天的哥倫比亞之行，也是這趟為期七十天的南美行最開心的一天。我對於使用「幸福」一詞非常吝嗇，很訝異自己可以毫不猶豫地使用它。

我喜歡蒙波斯的最大原因是，做為一個貧困地區中相對富裕的遊客來說，我並未感受到任何特權。前往貧困地區常看到孩子們一邊乞討一邊喊著「一美元！」，或是無家可歸者蹲在樓梯上，身上長著疙瘩、頭髮長年未洗，某種必須做慈善事業的責任感會在不知不覺中升起。吃著油膩膩食物時遇到背著孩子的原住民婦女，我偶爾會被食物嗆到。他們很可能是永遠不會離開自己的國家或村莊的人，自己的護食行為和保護意識卻深深困擾著我，讓我一直思考能為他們做些什麼。

但在蒙波斯沒有這個必要，他們真的比我幸福。每一天，不用像俄羅斯方塊一樣決定哪些行李要丟、哪些要帶走，不用煩惱接下來住在哪裡、下一站去哪裡旅行，只是一天又一天的適應環境過日子罷了。

逗留蒙波斯的八天裡，我只看到四個遊民，這紀錄無論去到哪座城市、哪個村莊都很難被打破。我懷疑即使那些看起來像遊民的人實際上都有房子，只是個想睡在家門外的自由靈魂。哥倫比亞經濟不夠活躍、商圈不夠熱鬧，但是每個人每天都出門玩樂，我不禁好奇他們到底靠什麼過活，寫這篇文章時也非常想念蒙波斯。哪怕要再吐一次、再受一次腰痛和敲竹槓的折磨，我仍然想再次造訪。在那之前，我希望蒙波斯河、沼澤和芒果樹，以及那些蠶蜥，不會被任何人、因為任何原因而遭受汙染。

蒙波斯的景點大概包括以下這些：

- 赤腳的人
- 少於五隻貓
- 一條瘦巴巴的狗
- 孩子們在摘芒果
- 棲息在屋頂上的禿鷹啃食著被沖上蒙波斯河岸的豬隻屍體
- 人們在蒙波斯河中沐浴
- 整天無憂無慮坐在搖椅上的人

- 兒童多於老年人
- 聚集在卡列拉街二號的青年旅社、旅館和飯店
- 飯店正中間有一棵樹齡五百年的樹
- 動人的音樂無處不在
- 人們隨著音樂跳舞

我希望蒙波斯以自己的方式活著，以既有的模樣被理解，並變得愈來愈自由。如果一百年前的香蕉大屠殺發生於像蒙波斯的小鎮，他們無法再像這樣自由生活的話，想到再也看不到那些可愛明亮的眼睛，我將無比悲傷、大聲痛哭。

孤獨的死亡編年史

「我接受的是生，不是死。我認為死亡是陷阱，也是無條件糾纏我們的背叛。」
「要如何才能避免呢？」
「多寫作。」
——賈斯汀．韋伯斯特，紀錄片《賈伯：加布列．賈西亞．馬奎斯的創造》

世界上最帥氣的屍體

旅行的相關詞不是浪漫、休息、冒險、美食、偶遇、愛情、新的開始，也不是生活中常被誤解的永遠不會重來的回憶，而是災難、事件、意外和死亡。什麼是旅行？旅行是一種高成本低效率的活動，用食、住、行、博物館門票代替你的教育、生活和醫療費用。

回想起來，我所有的極端經歷都發生在旅程中。想想看，你什麼時候填過失竊報案單？你的外接硬碟或相機何時壞的？什麼時候你的記憶卡被完全初始化？什麼時候因為高原反應和劇烈頭痛躺在床上卻得計算剩餘旅費？什麼時候被人跟蹤？什麼時候哭著打電話給家人並要他們寄錢給你？如果不是因為旅行，這些愚蠢經驗絕對都不會發生。

我不會費心把這次旅行包裝得很漂亮。寫到這裡，我之後還是會繼續待在異國，然後大概會客死異鄉。黃昏時分，一想到死期一步步逼近就讓人鬱鬱寡歡。「我想迎接什麼樣的死亡」是個非常嚴肅的問題，其實我想問的是「我想以什麼樣的屍體型態被發現」。

如果可以的話，我想成為世界上最美麗的屍體，這樣的話就不會是勒死，因為上吊自殺時，人的舌頭會長長的吊在外面；我也不希望出血過多或全身遍布紫斑；我也不允許自己因為車禍這種極可能喪失身體某部分的事故而死亡。如果可以的話，我想躺直、身體沒有任何變形，帶著對往昔滿意的微笑。我想成為一具有故事、能夠激發眾人想像力的屍體。

馬奎斯以《世上最美的溺水者》為題，用這篇魔幻現實主義的短篇小說填滿了很多人的怪誕想像。這本小說講述一個簡單的故事，村子裡的女人們看上了一具在漂流中溺斃、身分不明的屍體，並舉行了最盛大的葬禮。女人們放妥這具散發海水腥味的帥屍體，為他做衣褲，想像著這個男人曾經和妻子幸福地生活在豪宅裡，享受著至高無上的尊榮和權威，她們被困在他永恆的迷宮中。

我認為馬奎斯用這種世界共通的想像力拯救了一切，女人對屍體天馬行空的想像真的太有趣了，不知道誰能把被沖上岸的屍體描述得如此滑稽。就像這樣，他的短篇小說不太嚴肅但愈想愈深奧，讓人想一篇篇地抄寫下來。如果是這樣的溺斃，我倒不太介意。

一百年孤寂死

我們將常見的死亡類型分為五大類：自然死、疾病、意外、自殺和他殺。大多數人都夢想著自然死亡，但在這個百歲年代，除了疾病以外的自然死亡並不常見，大部分細胞消耗殆盡、被稱為自然死亡的多數是病死。意外死亡包括突如其來的大規模災害、飢荒、馬上風、溺斃、墜亡、交通事故、手術中死亡、觸電、毆打致死、戰爭中死亡、輻射外傷等；自殺和殺人具有不同的意圖和方法，但基本上有燒、吊、勒、吸毒、電擊、刺傷、出血等多種方式。各式各樣死法中，《百年孤寂》裡最常見的死法就是孤獨死。孤獨死模稜兩可，既不是自殺也不是謀殺。我們可以選擇孤獨地死去，也可以被選擇孤立死去。馬奎斯筆下的大多數角色都是孤獨地死去，尤其是《百年孤寂》的角色，男人大多孤獨地死於外在世界，女人則死於內心世界，足以把書名改成《百年孤寂死》。以下是《百年孤寂》描述過的死亡列表。

◆◆ **梅賈德斯**

他找到了永生的祕訣，晚年卻被當作無用老人，慢慢被人們遺忘。他死於新加坡的沙丘，遺體被埋在爪哇海的最深處。

◆◆ **烏蘇拉的姨母和荷西·阿爾卡迪歐·波恩地亞的伯父結婚後生下的兒子**

連名字都沒有出現的他，羞於自己的豬尾巴、終生保持童貞，最後卻因強行剪掉尾巴導致失血過多而死，這讓烏蘇拉對亂倫終生恐懼。

◆◆ **普登修·阿奇勒**

他因為嘲笑荷西·阿爾卡迪歐·波恩地亞而被殺害。

◆◆ **蕾梅蒂絲・莫斯克德**

阿瑪蘭塔因為嫉妒即將嫁給皮耶特・克雷斯畢的蕾貝卡而在咖啡裡下毒，蕾梅蒂絲不慎喝下身亡。為了哀悼她的死，烏蘇拉關上了門，一年之內不准任何人大聲說話，並在屍體躺過的地方放了一個銀盤和一盞油燈，確保沒有人熄滅燈火。

◆◆ **皮耶特・克雷斯畢**

向阿瑪蘭塔求婚被拒後，他打開玩具店所有的燈、打開所有音樂盒，把所有的鐘都調至響起，用利刃割斷了自己的手腕並把手插入一盆安息香，在後面的小房間裡，臉趴在桌上自殺身亡。

◆◆ **「獨裁者」阿爾卡迪歐**

在黎明舉行了簡短的軍事審判後，他在墓地的圍牆前被槍殺。

◆◆ 荷西．阿爾卡迪歐

衝動又強勢的他與妹妹蕾貝卡亂倫同居，卻被蕾貝卡的手槍所殺，這是馬康多唯一一宗謀殺動機未被揭露的懸案，尤其是刻畫他的血流到烏蘇拉廚房那一景堪稱傑作。他的血流淌著穿越房屋，宛如死亡使者般將死訊傳給了正準備做飯的烏蘇拉。馬奎斯描述死亡的方式太過細膩生動，除去了對人物產生同理心的裝飾性描繪，與事件本身的慘烈形成對比，讓人不禁失笑（想知道什麼是魔幻現實主義一定要讀這一段）。

馬奎斯為什麼如此長篇大論地描述荷西．阿爾卡迪歐之死？他既不是發動戰爭的人，也不是指揮馬康多的人，大概只能算個配角。他溫熱的血穿越屋子，畫下了一條長長的訊息，彷彿警告著包括烏蘇拉和阿瑪蘭塔在內所有波恩地亞家的人。他的死既是對亂倫的懲罰，也是對另一場亂倫的警告。相反，一槍斃命、痛苦斷絕關係後倖存下來的蕾貝卡則透過吃土的行為，為自己的餘生贖罪。槍聲響起時，蕾貝卡的靈魂與荷西．阿爾卡迪歐一同死去，只剩下皮包骨的軀殼。

◆◆ 荷西．阿爾卡迪歐．波恩地亞

家族中第一個人類，烏蘇拉的丈夫，波恩地亞家第一位男主角。他在梅賈德斯死後

《阿卡迪亞人》

《百年孤寂》中波恩地亞家族的第一人荷西．阿爾卡迪歐．波恩地亞的中間名，源於「阿卡迪亞」這個堪比東方世外桃源的西方烏托邦。這個名字在家族中代代相傳，但大多數以此命名的人都孤獨地死去。這幅畫作描繪天賜世外桃源「阿卡迪亞」的生活，由美國藝術家湯瑪士．科爾（Thomas Cole）於一八三四年繪製。

去世，痴迷於手工藝品、煉金術和荒謬的發明，一如阿爾卡迪歐（Arcadio）這個名字的詞源是古希臘伯羅奔尼撒半島的內陸烏托邦「阿卡迪亞」（Arkadia）。背負著殺死普登修·阿奇勒的罪惡感，他最終被綁在栗樹邊活了五十年，在樹下死去。之後化身為鬼魂在屋內遊蕩。

◆◆ 奧雷里亞諾·荷西

與姑姑阿瑪蘭塔亂倫的人。在碧蘭·德內拉的塔羅牌上，他將在與卡美莉塔生下七個孩子後，老死於卡美莉塔懷中。然而，當他前往西班牙劇院並拒絕阿吉雷士·李卡多上尉的搜身時被槍殺了。

◆◆ 被美人蕾梅蒂絲拒絕的男人們

年輕的司令官被美人蕾梅蒂絲拒絕後，在她的房間窗邊被發現時已經成為一具屍體；看到她的臉，陷入痛苦和沮喪的泥潭，失魂落魄了數年，最終不小心睡在鐵軌上，被火車撞得支離破碎的紳士；看著她洗澡，結果屋頂癱塌，跌落浴室水泥地，當場死亡的男人；還有一個到處炫耀自己摸了她的肚子，結果在土耳其人街上被馬踢，最後吐了自己一身血，死於眾目睽睽。

◆◆ 美人蕾梅蒂絲的昇華

最好將其視為最奇異的死亡，不，應該說是消失。小說中處處可見聖經的痕跡，美麗的美人蕾梅蒂絲升天就是最好的例子。一日，她忽然臉色蒼白、騰空而起，於下午四點消失在天際。

◆◆ 十七位奧雷里亞諾的集體死亡

奧雷里亞諾・波恩地亞上校的兒子們像被惡棍追殺的兔子，奧雷里亞諾・特里斯德（將鐵路運到馬康多的人）於晚間七點和母親離開家時被長槍擊中額頭。冰塊企業家奧雷里亞諾・山德諾被發現死於工廠吊床，一把冰鑿貫穿了他的身體。奧雷里亞諾・塞拉多看完電影返家的路上被手槍射中，掉入沸騰的大鍋內。奧雷里亞諾・阿爾卡亞聽說他的兄弟們一個接一個死去，馬上從床上跳起來，一開門，腦袋就中了彈。最後只有黑皮膚、綠眼睛的長子奧雷里亞諾・阿馬多為了躲避惡棍逃到山裡後失蹤，以逃脫者身分勉強存活，最終仍被兩名警察擊中額頭而死亡。

◆◆ 奧雷里亞諾・波恩地亞上校

烏蘇拉最憂心的兒子、《百年孤寂》男主角。雖然因軍事審判逃過一死，但與政府軍簽署停火投降協議後，他持手槍企圖自殺，卻像浴火鳳凰般復活，符合小說主角不死的傳統。在小說三分之二的第十三章，聖塔蘇菲亞發現上校和他父親荷西・阿爾卡迪歐・波恩地亞一樣死在栗樹下，死因不明。與父親荷西・阿爾卡迪歐・波恩地亞和哥哥荷西・阿爾卡迪歐相比，上校的死十分離奇。究竟是意外死亡還是自然死亡不得而知，也不像其他主要人物那樣大篇幅地專門描寫葬禮，可謂是確實的孤獨死。

事實上，奧雷里亞諾・波恩地亞上校的死早在這之前就已開始。他在簽署投降協議後就感到極度孤獨，於是閉關製作小金魚。他是馬康多最孤獨的人，他與生同死，與死同生，而不是像開槍飲彈自盡那樣輕易結束一生。

◆◆ 荷西・阿爾卡迪歐二世

烏蘇拉的曾孫，雙胞胎中的哥哥，衝動又叛逆，是小說後半部分真正的主角。兒時的他跟隨赫林內多・馬奎茲上校目睹了公開處決罪犯時死刑犯的笑容，因此同樣反對戰爭。他煽動香蕉園工人罷工，在大屠殺中勉強倖存。但在那之後，他陷入了孤獨，像祖父和曾祖父一樣埋頭閱讀羊皮紙手稿。就像晚年的荷西·阿爾卡迪歐·波恩地亞，他被誤認為是瘋子，暈倒在一張羊皮紙手稿上，睜著眼睛死去。即使死後也不順利，他和雙胞胎弟弟的棺材被酒鬼們對調了。也許這是一件好事，因為孿生兄弟的名字在童年時期就被對調了。

◆◆ **奧雷里亞諾二世**

荷西·阿爾卡迪歐二世的雙胞胎弟弟。他患上宛如被鐵蟹啃咬般疼痛的咽喉癌，痛不欲生後死去。

◆◆ **荷西·阿爾卡迪歐**

在他和自己照看的四個大孩子一起泡香檳浴的浴缸裡，荷西·阿爾卡迪歐因為頭被按入水中而溺水身亡，讓他一夜暴富的三袋金幣也被孩子們搶走了。

◆◆ **聖塔蘇菲亞**

做為獨裁者阿爾卡迪歐的妻子，她生下了美人蕾梅蒂絲和雙胞胎兄弟。她為了與里奧阿查城的表妹共度晚年而離家出走，死因不明。

◆◆ **碧蘭．德內拉**

預言家與先知，在荷西．阿爾卡迪歐和奧雷里亞諾．波恩地亞上校之間腳踏兩條船的算命師。她死在藤編搖椅上，活了超過一百四十歲，為她的後代留下一段永遠重演的歷史。

◆◆ **豬尾巴寶寶**

家族中最後一個人。彷彿應驗梅賈德斯留在羊皮紙上的預言，他死後被螞蟻拖往蟻窩。

馬康多和馬奎斯的混亂結局

荒誕的死亡不斷出現在馬奎斯的小說中，但最高潮應該是被莫名其妙處死，和三千個鄰居一起被當成食物扔進海裡吧？《百年孤寂》正始於此一荒謬的死亡。外祖父對小賈伯講述名士兵用槍掃射罷工工人，最後把屍體裝上火車並扔進海裡的故事，震撼了他的心，直到完成《百年孤寂》都無法停止思考，到頭來，他的一生都受此主宰。

謝納加香蕉園工人的要求不多，他們要求星期天休息、改善醫療設施、在軍營裡蓋廁所。總部設在美國的聯合水果公司沒有給錢，而是發給工人糧票，讓他們在公司的商店購買維吉尼亞火腿。工人住在狹窄的宿舍裡，配給他們的是五十個攜帶式馬桶，而不是廁所。

荷西．阿爾卡迪歐二世因為揭露公司的腐敗行為而入獄。香蕉公司負責人為逃避責任將案子鬧上法庭，整件事益發離奇。在律師的幫助下，香蕉公司繼續謊稱香焦園沒有全職的正式雇工，導致大規模罷工。結果一列一百二十節車廂的火車停止運行，工人們失去了工作。之後頒布戒嚴令，三個步兵團占領了馬康多，當士兵們採收香蕉並開始裝運，工人擋住了火車，事件升級為內戰。最後，省級行政首領和省警衛部隊指揮官於周五抵達並發布法令，不知詳情的人們聚集在廣場卻被貼上罷工工人的標籤，在軍隊小隊長下令開火時成為屠殺的犧牲品。

荷西·阿爾卡迪歐二世在把三千具屍體傾倒入海的火車裡幸運地倖存下來，跑回馬康多並告知村民這個事實。然而，屠殺的痕跡在大街上已不復存在，所有人都把他的話當成瘋言瘋語。香蕉公司與工會簽署協議，軍方掩蓋大屠殺的事實。馬康多被框在一個永遠幸福的城鎮框架內，真相永遠不見天日。

已經乾旱三個月的馬康多下起了大雨，下了四年十一個月又兩天。與此同時，隨著城鎮集體受失眠症所困，馬康多的居民看著他們的村莊慢慢崩解，同時對抗著比大雨更乏味的無聊。馬康多一直保持著熙熙攘攘的節日氣氛正逐漸瓦解。這一章出現在《百年孤寂》結尾，讀起來相當痛苦，更何況這不是《一千零一夜》中沸騰的冰和飛天毛毯般的幻想，而是更加接近史實。馬奎斯聲稱他從未寫過一本非真實故事的書，聽起來像是向那些無法隻手遮天、顯而易見的謊言宣戰。

那麼，馬奎斯的結局會如何呢？難道是每天抽四包菸，抽了三十多年導致的肺癌？還是像他年輕時所預言的，最後客死異鄉或自殺？一九九九年，馬奎斯被診斷出淋巴癌，在美國洛杉磯的醫院接受了化療，但之後又復發。二〇〇〇年，秘魯《共和報》

（*La República*）刊登了報導他死訊的假新聞，但他斷了一切人際關係，專心寫作，於二〇〇二年出版三部自傳之一的《活著是為了說故事》。二〇〇四年出版《苦妓回憶錄》；二〇〇九年在哥倫比亞《時代報》（*EL Tiempo*）宣布自己的文學生涯結束。從那以後，人們得知小時候能背誦無數詩歌的背誦王罹患了老年痴呆症。

二〇一四年三月六日，八十七歲生日這一天，馬奎斯在自家門前唱起了生日快樂歌。後來，他因肺炎和尿道感染住進墨西哥城的醫院，最終於四月十七日聖周四去世。這是一個與他的生命相稱的光榮死亡，因為正如他生前所希望的，他被朋友和家人包圍，在床上度過了最後的日子。幾天後，四月二十二日，墨西哥藝術中心和家鄉阿拉卡塔卡舉行了盛大的葬禮，哥倫比亞和墨西哥總統雙雙出席。就像馬奎斯獲得諾貝爾文學獎回國時，無數同鄉紛紛湧至他乘坐的火車站前揮手致意，當他終於永遠地返回故鄉，阿拉卡塔卡滿是黃色浪花，讓人聯想到《百年孤寂》的黃色花朵和黃色蝴蝶。馬奎斯的靈魂肯定也揮手回應著人們。

象徵死亡的黃色蝴蝶群雕塑

黃色在《百年孤寂》中象徵死亡，家族中第一人荷西·阿爾卡迪歐·波恩地亞去世時，整夜無聲落下的黃色花雨讓睡在外面的動物們窒息的畫面，尤其令人印象深刻。作品後半部描繪了這個場面，跟隨著吉普賽男子巴比隆尼亞的黃色蝴蝶成了最美麗、最夢幻的場景。

五十一年九個月又四天的愛情

波恩地亞家的女人們

◆◆烏蘇拉

若照「主角不死」這條絕對法則，《百年孤寂》的主人應該是烏蘇拉，而不是經歷六代的男人們。烏蘇拉在小說結尾目睹了主要男性角色們的死亡，包括丈夫荷西．阿爾卡迪歐．波恩地亞和兒子奧雷里亞諾．波恩地亞上校。

為了避免亂倫，烏蘇拉故意拒絕與丈夫荷西．阿爾卡迪歐．波恩地亞上床。與此同時，誤會不斷加深，間接影響了荷西．阿爾卡迪歐．波恩地亞殺害普登修．阿奇勒。她有時會嘮叨沉迷於煉金術的丈夫，但在預知丈夫和兒子的死亡後，她如同聖母瑪利亞般流下比任何人都悲痛的眼淚。

當男人們宛如跑著轉輪的倉鼠一樣沉迷於戰爭、煉金術和銀作坊，烏蘇拉不斷打掃和照料房子，為孩子們擴建房屋，整理客房、餐廳、花園和玄關，在院子的栗樹下蓋廁所，在後院蓋雞舍和馬廄。但在加勒比海的保守氛圍中被籠罩在男人影子下，像鬼魂般打理著房子的烏蘇拉，卻是第一個發現馬康多之外的世界的人。

同樣也是烏蘇拉趕走了獨裁者阿爾卡迪歐，統治了馬康多。她恢復主日彌撒、撤銷荒謬的法令，對政府軍採取強硬措施，但她是個孤獨的領導者、外剛內柔，在孤獨中偷偷落淚，找被綁在栗樹邊的丈夫安慰自己。

如果沒有迷信和巫術的加勒比海傳統為基礎，烏蘇拉這個角色不可能誕生。她真的相信魚腹中的鑽石，相信能夠實現願望的魔法，相信吉普賽人帶來的神燈和飛毯。因此，為了阻止蕾貝卡吃土的習慣，她在院子裡噴灑牛膽汁、在牆壁上擦辣椒、空腹服用大黃和柳橙汁。她去尋找與吉普賽人一起離開村莊的兒子荷西．阿爾卡迪歐，失蹤了整整五個月。她走後馬康多發生了奇怪的事情。櫃子裡的燒瓶變重，碗裡的水自行沸騰並化為蒸汽，嬰兒籃在房間裡晃來晃去。烏蘇拉回到家鄉，一邊看著波恩地亞家族的興衰，一邊慢慢變老。

年過百歲的烏蘇拉因白內障雙目失明，早已失憶，混淆現實與幻想，畏縮得像個嬰兒，躲在糧倉的櫃子裡，差點被老鼠吃掉。經歷過波瀾萬丈的生活，她預感了自己的死亡：玫瑰發出土荊芥的氣味、鷹嘴豆排成完美的海星圖案、橘紅色的發光圓盤在天上飛，最終以一百二十多歲高齡駕鶴歸西。與當年的失踪一樣，馬康多在烏蘇拉死後發生了鳥群死亡和怪物死亡等奇怪的事件。

馬奎斯的外婆特蘭基利娜

在《百年孤寂》中實際主導馬康多的烏蘇拉，是以馬奎斯的外婆特蘭基利娜為原型所創造的人物。外婆靠著做麵包和賣點心主導了家庭的經濟狀況，具有現實感和旺盛的生命力，但她也信仰流傳在加勒比海地區的迷信和巫術，不斷刺激著小賈伯的好奇心。馬奎斯的文學中象徵魔幻現實主義的「魔幻」，幾乎可以說是外婆留給他的文化遺產。

◆◆ **阿瑪蘭塔**

讀《百年孤寂》和《活著是為了說故事》會發現兩部作品中奇怪的巧合。比如《百年孤寂》的阿瑪蘭塔被爐火燒得血肉模糊，手上一輩子纏著黑色繃帶，類似的軼事同樣出現在馬奎斯的自傳內，讓人得知馬奎斯的外婆特蘭基利娜是阿瑪蘭塔的原型。《活著是為了說故事》其中一個場景是，因為小女兒路易莎打算嫁給單親媽媽的兒子，特蘭基利娜非常生氣，憤怒地從麵包工廠拿了一把刀，最後被自己嚇到，丟掉了刀，把自己的手放入炭火中以贖罪。

阿瑪蘭塔雖然是以外婆特蘭基利娜為原型創造，但也包含了馬奎斯家中其他女性家族成員的反英雄角色。阿瑪蘭塔雖然出生於馬康多，卻對馬康多的女性世界帶來了極大混亂，進而凸顯出烏蘇拉和蕾貝卡的個性。在堅強的烏蘇拉和柔弱的蕾貝卡之間，阿瑪蘭塔既柔弱又堅強。她是個終其一生嫉妒蕾貝卡、屈服於侄子奧雷里亞諾・荷西誘惑的柔弱女子，在曲折的波恩地亞家族中卻與烏蘇拉攜手，幸運逃脫了豬尾巴的詛咒。阿瑪蘭塔擺脫了各種仇恨，用四年多的時間慢慢打造壽衣、蒐集人們想傳遞給死者的信件、分發東西給窮人、親手備妥自己的棺材和衣服，甚至留下遺囑，在全家人眼前聽著古琴音樂會死去。

雖然阿瑪蘭塔是馬康多最壞的惡女，但因果報應並未發生，儘管她犯過惡行，卻迎來馬康多最平靜之死。或許，阿瑪蘭塔是個同時擁有善與惡、形象立體的人物，同時也是最符合馬奎斯女性觀的角色。把「阿瑪蘭塔」放在家族最後一個子孫「阿瑪蘭塔・烏蘇拉」的名字中，似乎從一開始就表達了一種善惡之分毫無意義的螺旋式世界觀。

◆◆ 蕾貝卡

蕾貝卡並非波恩地亞家族出身，她是馬瑙雷的孤兒，而不是馬康多，但她在整部作品中不停出現，是個特別的女性角色。烏蘇拉用盡了各種偏方，她吃土的習慣仍未見改善，她與皮耶特・克雷斯畢的婚約則因阿瑪蘭塔的嫉妒而破裂。蕾貝卡吮吸手指想避免吃土，卻無法改變吃土的習慣，她伸手挖泥土，吞下了蚯蚓和蝸牛殼，然後在日出時分再次吐出吃下的東西。丈夫荷西・阿爾卡迪歐被她親手殺害後，她在馬康多度過了最長的隱居期，吃著土牆，過著孤獨的餘生。

根據算命師碧蘭・德內拉的預言，蕾貝卡的不幸將一直伴隨著她，直到她的親生父母入土為安。由於一直找不到遺骨，後來才知道是石匠修房子時把裝有遺骨的袋子埋入了牆內。終於找著遺骨時，荷西・阿爾卡迪歐・波恩地亞把袋子埋在梅賈德斯的墳墓旁邊，但不幸並未就此停止。

蕾貝卡受到奧雷里亞諾．波恩地亞上校的愛慕，但他去打仗後，她被上校那個典型男子漢的哥哥荷西．阿爾卡迪歐所吸引，過著禁忌之愛的兩個人在公墓對面、只放一張吊床生活著。他們得到了烏蘇拉的認可，荷西．阿爾卡迪歐從保守派政府那裡獲得了土地所有權並創造收益，過著體面的生活。但是在九月，一個下著暴風雨的日子，蕾貝卡謀殺了自己的丈夫。之後，她隱居在馬康多，被人完全遺忘。許多年後，她被發現手指含在嘴裡、因為長癬而禿頭、身體蜷縮得像隻蝦，獨自一人死在床上。

◆◆ 費蘭妲．卡爾皮歐

費蘭妲來自距離馬康多約一千公里的內陸國家，代表最傳統的女性形象。她與加勒比海地區那些迷信卻又腳踏實地的女人們就像極與極般的相異。一如《愛在瘟疫蔓延時》的費米娜和馬奎斯的母親，費蘭妲十二歲進入修道院學校，度過了八年寫拉丁詩與彈古鋼琴（鋼琴的前身）日子，之後成為不諳世事的窈窕淑女。

帶著成為王后這種不切實際的想法，費蘭妲在馬康多的狂歡慶典中遇到了雙胞胎的弟弟奧雷里亞諾二世並嫁給了他。然而，當費蘭妲要求全家人在擺放銀燭台和銀製餐具的桌子上用餐，穿著老式的衣服，帶著父母給她的金色尿壺繼續過著修女般禁慾的生活，她丈夫對這一切深感厭倦，陷入了情婦佩特拉·柯提斯的溫柔鄉，遠離了費蘭妲。

後來，隨著奧雷里亞諾二世將自己的愛一分為二給兩個女人，成了擁有「兩個家庭」的男人，費蘭妲對丈夫益發不滿。此外，因為堅持以「高姿態」的方式生活，她與加勒比海人之間的對立毫無休止。為了治療疾病，費蘭妲只與國外的醫生書信來往，將女兒梅妹囚禁在修道院內，把孫子奧雷里亞諾囚禁在奧雷里亞諾·波恩地亞上校的工作室中，並在梅賈德斯的房內放了七十二個尿盆，變成「尿盆房間」。隨著烏蘇拉老去，費蘭妲接管了這個家庭，並中斷了烏蘇拉的獨家專利麵包和動物造型糖果生意。她試圖殺害她的孫子但沒有成功，漸漸發瘋。她和波恩地亞家其他女人一樣，一輩子只有工作、重複過著孤獨的生活。直到死去以後，她才恢復為過往馬康多狂歡節上最美麗女人的容貌，「比任何時刻都還美麗」。

◆◆ 阿瑪蘭塔·烏蘇拉

阿瑪蘭塔·烏蘇拉可說是烏蘇拉的繼任者，她讓人信服、積極，並攬下有建設性的工作。就像荷西·阿爾卡迪歐·波恩地亞專心於煉金術時，烏蘇拉全權負責打理家中大

阿拉卡塔卡的馬奎斯紀念碑

在名為馬康多這個虛擬城鎮的原型阿拉卡塔卡火車站附近有一座紀念碑，上面寫著馬奎斯小說中的段落。他的小說中的男人們通常孤獨地面對悲慘的結局，女人們則更堅強、更睿智，過著更加豐富多彩的複雜生活。這一點在烏蘇拉的身上表現尤其明顯，活了一百多歲的她見證了波恩地亞家族的興衰。

小事一樣，在她的比利時丈夫葛斯頓醉心於用手揮去蜘蛛網、捏爆蜘蛛卵或蒐集昆蟲時，她努力改造老房子。阿瑪蘭塔．烏蘇拉繼承了烏蘇拉旺盛的生命力和美人蕾梅蒂絲的魅力，是一位將來自歐洲的最新流行布置在家中每個角落的新女性。然而，她與家族第六代傳人、外甥奧雷里亞諾亂倫，生下了豬尾巴的孩子，難逃既定的命運。

家族外的女性

馬奎斯真正的老師既不是領他入作家之路的卡洛斯．卡德隆（Carlos Julio Calderón），也不是教導他寫詩的愛德華多．卡蘭薩（Eduardo Carranza）或詩人塞薩爾．巴葉霍（César Augusto del Valle），更不是他在二十多歲臨摹各種寫作風格的威廉．福克納，甚至連「巴蘭基亞小組」的唐．拉蒙．維涅斯（Don Ramón Vinyes）都沒有喚醒他對二十世紀文學的認識。他的老師就是風塵女子們，在他的小說中，比起妻子，主角更多為風塵女子。馬奎斯為什麼如此痴迷於她們呢？

馬奎斯說，十二歲的性行為是他一生中最可怕的經歷。就這樣，他留下了自己最後一部長篇小說，述說一個九十多歲的老人在妓院裡愛上十幾歲少女。從《苦妓回憶錄》

中無法得知老頭說他至少睡過五百一十四個女人的說法是真是假，但事實是，馬奎斯年輕時非常喜歡光顧妓院，也讓身體屢次患上淋病。彷彿為了證明這一點，他的初體驗和買春經歷在《活著是為了說故事》中驚人地接連登場。馬奎斯自承，他比任何人都更喜歡和女人相處，過於熟稔那些拜訪過外公外婆家的女僕們。

一邊讀一邊比較《活著是為了說故事》和《百年孤寂》，有時會在書中看見馬奎斯的真實經歷流露於字裡行間，不由自主捧腹大笑起來。《百年孤寂》的算命師碧蘭·德內拉進到波恩地亞家幫忙打理家務，夾在荷西·阿爾卡迪歐和奧雷里亞諾·波恩地亞上校之間。藉口幫荷西·阿爾卡迪歐占卜塔羅牌，叫他進入她的房間後被她強姦，他興奮地向弟弟奧雷里亞諾·波恩地亞上校講述自己的初體驗。奧雷里亞諾·波恩地亞上校聞言也拜訪了碧蘭·德內拉，以解除對蕾梅蒂絲的思念之苦。

由於波恩地亞是個混亂且破碎的家庭，六代人反覆著亂倫和通姦，而且是小說中的敘事，沒有多少讀者會認真對待，但令人難以置信的是，對於一向追求真實的馬奎斯來說，這同樣是個真實故事。馬奎斯為了收回別人對父親賒的帳而前往一家名為「Laora」的妓院，並在那裡與妓女發生性關係，而馬奎斯那橫衝直撞的弟弟路易斯·安立奎前幾天路過時不僅和該名妓女上床，她還幫他洗了內褲。兄弟倆一起買春這件事固然好笑，但想到那位既非母親也非姊姊，卻照顧著十幾歲男孩的生計型妓女，我忍不住笑了起來。

馬奎斯同父異母的大哥阿貝拉爾多（Abelardo Garcia Ujueta）可謂為父親冒險下的產物，也是馬奎斯的愛情教練。他認為生活中所有問題都可以在床上解決，並建議弟弟多認識女人。嚐過箇中樂趣的馬奎斯與在玻利維亞首都蘇克雷（Sucre）舞會上共舞過兩次的阿雷安德莉娜（Maria Alejandrina Cervantes）共度一夜春宵，但後來發現她是有夫之婦時便放棄了，後來在小說中讓她復活為妓院女主人。

與有夫之婦的愛尚未結束。十四歲的馬奎斯愛上了黑白混血的瑪汀娜·豐瑟卡（Martina Fonseca），她是一個文學讀書會的主辦人，也是詩人塞薩爾·巴葉霍的情婦。即將成為小學教師的她利用丈夫下午四點到七點在馬格達萊納河擔任河川領航員時邀請馬奎斯，兩人這段禁忌之戀大約維持了九個月。一個未來的小學老師外遇一個十幾歲的男孩，聽起來就像國外新聞的話題，但對於當時父母不在身邊、因為宵禁而無法徹夜待在電影院或妓院的馬奎斯來說，瑪汀娜是第一段苦澀的愛情。兩人燕好後，瑪汀娜還會像媽媽一樣幫他檢查作業和預習。

由於嫉妒瑪汀娜丈夫所以學校生活過得一團糟，甚至想過殺人的馬奎斯在瑪汀娜的幫助下，一九四二年以全班第一名的成績畢了業。不知道該不該笑，他們的關係真的很奇怪。瑪汀娜叫他離開巴蘭基亞，前往提供獎學金的哥倫比亞國立大學，兩個人有兩個月沒見面。

馬奎斯聽了她的話，花八天越過馬格達萊納河來到哥倫比亞國立大學，此後兩人十二年未見。馬奎斯後來接到了一通電話，瑪汀娜住在巴拿馬並有一個兒子。很明顯，瑪汀娜一定是為了那個拼寫和文法曾經亂七八糟，需要她的協助才能完成作業的馬奎斯成為作家而感到驕傲。

馬奎斯的祕密性教育不止於此。他再次通姦，這次的對象是一個名為妮葛蘿蔓塔（Nigromanta）的黑人婦女，他與妮葛蘿蔓塔私通頻繁，甚至傳入他母親耳裡，最終在黎明時差點被妮葛蘿蔓塔的警察丈夫槍殺。幸運的是，母親的丈夫救了馬奎斯，馬奎斯那庸醫父親治好了妮葛蘿蔓塔丈夫的淋病。

說到這裡，我再一次笑出了聲音。我在想，比起當小說家，馬奎斯是不是更適合當騙子，但讀到虛構的小說時，我又困惑於這一切到底有多真實。小說中，妮葛蘿蔓塔重生為對波恩地亞最後的第六代子孫奧雷里亞諾進行性教育的人，奧雷里亞諾與阿姨阿瑪蘭塔・烏蘇拉有染，當後者如預料般生下一個長著豬尾巴的嬰兒時，他被嚇壞了。唯一安慰奧雷里亞諾的人不是別人，正是妓女妮葛蘿蔓塔。

第四代傳人奧雷里亞諾二世的情婦佩特拉．柯提斯也是如此。奧雷里亞諾二世向來自信滿滿，不像他的妻子費蘭妲總是害怕自己的愛情會隨時間消逝。佩特拉．柯提斯把奧雷里亞諾二世變成了一個真正的男人，把他從隱居的孤獨生活中帶出來，迎接這個世界，並為他注入了生氣和生育的能量，讓他變得更大膽、更積極，成為馬康多最富有的人。

馬奎斯同意威廉．福克納的觀點，妓院是作家的好去處，與他分享祕密關係的女性彌補了親生母親的缺失。妓院也是讀書室和戀愛練習室。他住的巴蘭基亞是妓院天堂，託年輕妓女們的福，他通過了羅馬法課程的考試，並與她們討論大仲馬、柯南．道爾、詹姆斯．喬伊斯等人。總之，賣淫的女人和家族外的女人，造就了日後的馬奎斯。

馬奎斯的獨特之處在於，他同時對大男人主義和母性表達絕對的讚美。或許，一個無法完全長大、不完美的成年男子公開表露男子氣概，有一半的原因是出於懷念母愛。毫不誇張地說，《百年孤寂》的女性角色是起於無法擁有父愛，所以轉而渴望母愛才誕生的。

最後的愛——梅西迪絲

很巧地，馬奎斯的終生伴侶梅西迪絲和他一樣，是一家藥局的女兒。一九四一年，當馬奎斯第一次在自家附近看到梅西迪絲，隱約預感他倆會結婚時，兩人分別是十四歲和九歲。梅西迪絲是六個孩子中的長女，身材高䠷、顴骨漂亮，她的父親迪米特歐（Demetrio Barcha Velilla）於一九二〇年代初期在馬格達萊納河周圍的叢林旅行時結識了馬奎斯的父親加布列・艾利希歐。迪米特歐經營很多生意，定居於首都蘇克雷，開了一家藥局，之後搬到了巴蘭基亞。梅西迪絲去麥德林的慈幼修女學校讀書時，當時住在巴蘭基亞的馬奎斯跑去迪米特歐的藥房待了很長時間，代表兩家的關係深厚。

馬奎斯和梅西迪絲相識近十年，雖然他曾兩次求婚，但從未發展到友情以上的關係。馬奎斯耐心等待著梅西迪絲快點長大，但她對他並不是很感興趣。在兩人之間搭起鵲橋的是馬奎斯的三妹艾妲・蘿莎，他們經常去巴蘭基亞的普拉多飯店參加舞會，艾妲・蘿莎會和梅西迪絲的父親一起跳舞，讓馬奎斯有機會和梅西迪絲跳舞。他倆間的氛圍於一九五一年漸漸發酵，但隨著他們的朋友卡耶塔諾・貞提爾（Cayetano Gentile Chimento）在蘇克雷被殺害而結束。

在那之後，兩人分開過幾次。一九五四年在波哥大，受到好友阿爾瓦羅．穆蒂斯（Alvaro Mutis）的推薦，馬奎斯進入自由黨附屬的《觀察家日報》（*El Espectador*）工作。一九五五年加入共產黨，撰寫多篇文章批評軍人統治的哥倫比亞政府，成為政府的眼中釘。馬奎斯當時是一位頗受歡迎的記者，以《船難水手故事》等故事吸引著讀者。他以記者的身分前往日內瓦，之後遊走歐洲各地。一九五六年他去巴黎時，古斯塔沃．皮尼利亞（Gustavo Rojas Pinilla）獨裁政權廢除了《觀察家日報》。

馬奎斯無錢支付住宿費，幸好旅館老闆拉瓜夫人（Madame Lacroix）沒有驅逐他，允許他留下來寫作。馬奎斯很高興終於有機會安靜寫作，取消了回程機票，用那筆錢做為餐費，煞費苦心地寫了《沒有人寫信給上校》初稿——後來成為他的第二部小說——卻「沒有人想出版」。與此同時，他住在沒有電梯的七層樓房子裡，沒錢吃飯時就向朋友求助，每星期與梅西迪絲通信兩、三次，但心已不復以往。

馬奎斯深知自己是加勒比海人，與雨果、聶魯達、納博科夫、高行健等人一樣成了流亡作家、背井離鄉，自願成為世界公民。他們向世界宣告著有些事情優先於個人利益，而馬奎斯欣然加入他們的行列。就像馬格達萊納河上的布袋蓮，他一生都在不斷地搬遷，在知識分子聚集的咖啡館認識來自阿根廷、中美洲和墨西哥等其他國家的人。

青年賈伯

二十多歲的馬奎斯主要遊走於巴蘭基亞和卡塔赫納之間，追求著成為一位正式的記者和文人。新聞使得他腳踏實地，並與他的說書人才能碰撞，為他用詩意改寫現實的個人風格打下了基礎。

就在那時，二十六歲的西班牙女演員塔奇雅．金塔娜（Tachia Quintana Rosoff），一個勇敢、果斷和富有冒險精神的女人俘獲了馬奎斯的心。在瑪碧隆咖啡廳（Café Mavillon）第一次見到馬奎斯時，塔奇雅說她以為他是阿拉伯人或阿爾及利亞人，留著捲髮和小鬍子，乍看感覺有些傲慢，後來卻折服於他魔法般的口才。

然而，兩人相識三星期後，馬奎斯失業，懷孕四個月的塔奇雅出血流產，兩人的感情就這樣痛苦地結束了。不過他們沒有中斷互動。一九七三年，馬奎斯帶梅西迪絲參加了塔奇雅在巴塞隆納舉行的婚禮，並成為塔奇雅兒媳婦的伴郎、兒子胡安的教父。

在歐洲寫小說期間，馬奎斯對義大利的新現實主義產生了興趣，同時開始撰寫電影劇本。後來，沒有任何收入的他重回新聞界，與好友門多薩（Plinio Apuleyo Mendoza）祕密前往蘇聯和東歐體驗蘇聯社會主義。三個月後，馬奎斯旅行歸來，向等候他許久的梅西迪絲求婚，離他下定決心娶梅西迪絲已經十六個年頭，距他首次求婚過了十二年。一九五八年，兩人終於在巴蘭基亞完婚，當時馬奎斯三十一歲，梅西迪絲二十五歲。

新婚夫妻窮得要命，梅西迪絲連蛋都不會煮。婚姻並沒有阻止馬奎斯流浪，這對夫妻在卡塔赫納度蜜月後飛往委內瑞拉的首都加拉加斯（Caracas），因為馬奎斯希望落腳更大的城市。一九五七年，在朋友門多薩的幫助下，馬奎斯改去加拉加斯的雜誌

《Momento》工作，在那裡度過了接下來的兩年，目睹統治委內瑞拉十年的獨裁者希門尼斯將軍（Marcos Evangelista Pérez Jiménez）被抗議者推翻。一九五九年，古巴革命終於成功，長子羅德瑞戈於該年夏天出生。由於窮，馬奎斯沒有能力為寶寶買牛奶。

古巴革命後，馬奎斯為拉美社[1]工作，並於一九六一年被派往拉美社的紐約辦事處。不過由於受到美國中情局的監視和反對革命的古巴人的威脅，馬奎斯向朋友們多薩借了一百五十美元，和梅西迪絲一起坐客運流亡墨西哥。之後，墨西哥成為他的第二故鄉，在那裡度過了大部分餘生。

馬奎斯和梅西迪絲依然很窮，但他們沒有停止流浪，一九六二年帶著大兒子羅德瑞戈與二兒子龔薩雷茲，展開了以飯店為家的流浪生活。馬奎斯生前在五個國家留下了七間房子，但在《百年孤寂》之前，他是書籍銷量從未超過一千本的作家。一天，在墨西哥城某一場聚會，他遇到三十五歲的卡洛斯·富恩特斯（Carlos Fuentes Macías）。馬

1 全名「拉丁美洲通訊社」（Agencia de Noticias Latinoamericana S. A.），西班牙語為 Prensa Latina，簡稱「Prela」，是為了抵制美國帝國主義的宣傳，在切·格瓦拉的建議下成立的古巴國營通訊社。

奎斯已花費了十五年的精力投入文學卻一無所獲，富恩特斯則在一九五八年引領拉丁美洲走向繁榮。

遇見富恩特斯後，馬奎斯前往墨西哥的阿卡普科（Acapulco），突然發現了自己二十年來一直想寫的東西，真正下筆這部充滿魔法又驚險萬分的全新小說時卻開始害怕。梅西迪絲說他們拖欠了三個月的房租，馬奎斯要她再等六個月，而他實際上用了一年六個月才寫完《百年孤寂》。

一九六六年《百年孤寂》的手稿完成時，馬奎斯和梅西迪絲窮苦到必須靠典當玻璃假鑽石和祖母綠維持生計，電視機、冰箱、收音機等值錢的東西統統交給了當舖，現在只要把書稿賣掉就行了。馬奎斯不得不只寄出一半的手稿，因為他沒有二十九塊披索的郵資，可以把五百九十頁的手稿送到阿根廷布宜諾斯艾利斯的南美俱樂部出版社（Editorial Sudamericana）。據說《百年孤寂》的責任編輯因為忍不住想讀剩下的故事，補寄了郵費。[2]

「《百年孤寂》出版時，我應該是最吃驚的人，完全沒料到會這麼成功，真的萬萬想不到。」馬奎斯在一部關於他自己的紀錄片中這樣說。一九六七年是他第一個鼎盛期，巴塞隆納的 Carmen Balzes 出版社把他介紹到了國際文學市場。《百年孤寂》初版

馬奎斯式的「故事」，《百年孤寂》初版

直到一九六七年出版《百年孤寂》前，四十歲的馬奎斯一直是沒沒無聞的作家。他用一年半寫作《百年孤寂》的同時，梅西迪絲照顧了一家人的生計。這對夫妻實在太窮，小說寫完了卻沒有足夠的錢寄給出版商，只寄出了一半的稿子。幾經波折，《百年孤寂》終於面世時，也迎來了馬奎斯第一個全盛期。與此同時，世界文學的中心從歐洲轉移到了拉丁美洲。

只發行五百本，現在卻是南美洲最暢銷的書，文學寶座順理成章地從歐洲轉移到拉丁美洲，馬奎斯一下子就從沒沒無聞的作家變成了南美的塞萬提斯。此外，他拯救了拉丁美洲的孤獨，或者更確切地說，他拯救了處於溺水邊緣的南美文學。一九八二年授予的諾貝爾文學獎表彰了馬奎斯的貢獻，是他人生中如魔術般令人難以置信的事。

風風雨雨的日子裡，梅西迪絲堅定地待在馬奎斯身邊，承擔著妻子、兩個孩子的母親、管家、接待員、祕書和業務經理的角色，兩人五十六年的婚姻於馬奎斯二〇一四年去世時告終。梅西迪絲是馬奎斯最後的戀人，他喜歡她每天早晨放在辦公桌上的紅玫瑰，那種善變又堅定的愛情一如《愛在瘟疫蔓延時》阿里薩在五十一年九個月又四天的時間裡忘不了費米娜，卻沉溺於無數女人的懷抱。

對於如何維持婚姻生活，馬奎斯給了以下意見：

「我更了解女性，更能與她們溝通。（……）如果要給一個關於婚姻的忠告，那就是女人們在婚姻中也想繼續討論問題，而最後會以爭執結束。相信她們然後忘掉，繼續向前。永遠不要爭論，只顧著向前。」

——伊芙·比倫等，摘自紀錄片〈加布列·賈西亞·馬奎斯〉

2 在傑拉德·馬汀（Gerald Martin）執筆的馬奎斯傳記《馬奎斯的一生》（*Gabriel Garcia Marquez: A Life*）中，據說寄一份四百九十頁的手稿需要八十二塊披索，因為還缺少三十二塊披索，夫妻倆回家賣掉了暖氣和吹風機。

關於等待的故事《愛在瘟疫蔓延時》的背景郵局

文學與非文學之間的雜耍

血腥波哥大

波哥大的埃爾多拉多（El Dorado，意為「天堂」）機場乾淨寬敞，足以沖淡哥倫比亞暴力事件頻繁的形象。我住在查皮納羅的住商區，這裡是馬奎斯在波哥大居住時親眼目睹人類法烏努斯（Faunus，古羅馬掌管牲畜之神）騎上戰車的地方。就像馬奎斯目睹了法烏努斯，我也出現了奇怪的幻覺和錯覺。一如馬奎斯的《綁架新聞》描述，三十年前，黑幫在博亞卡（Boyacá）附近綁架記者，將他們塞入後車廂後大膽地四處遊蕩的地方也在這附近；四十年前，被政治人物路易斯・加蘭（Luis Carlos Galán Sarmiento）揭穿身分的大毒梟巴勃羅・艾斯科巴（Pablo Emilio Escobar Gaviria）和他騎著摩托車的同夥則殺死了當時的新自由黨黨魁、司法部長羅德里格・博尼利亞（Rodrigo Lara Bonilla）；七十年多前的一九四八年四月九日，頗具影響力的自由主義領袖豪爾赫・蓋坦（Jorge Eliécer Gaitán Ayala）遇刺身亡，說不定這條街同樣是因為波哥大暴動而成為鬼城的遺址。

根據馬奎斯的自傳，波哥大暴動爆發時，他正在街頭遊蕩，那時的波哥大因警察鎮壓和抗議者的搶劫變成了一片廢墟。他清楚記得年輕時那個抓住自己的褲子要他救命的男人，他害怕地推開男人逃跑了。

儘管二十七歲的胡安．塞拉（Juan Roa Sierra）在刺殺蓋坦時現場被捕，但這件事讓他和波哥大其他目擊長期大屠殺的人被恐懼和厭惡感苦苦糾纏。全國實行戒嚴令，加強媒體審查和宵禁，支持蓋坦的自由派被迫放棄自己的土地和家園，馬奎斯經常光顧的莫利諾咖啡館（El Molino）已成廢墟，烏雲壟罩了波哥大。

抵達波哥大的第二天，太陽早上五點就開始升起。波哥大是典型的高海拔天氣，氣溫在攝氏十九度左右。我造訪馬奎斯的母校哥倫比亞國立大學（Universidad Nacional de Columbia），南美的大學進入校區時大部分會要求出示身分證，幸好我順利進入，哥大校園大小正好夠馬奎斯四處來去。我走進法學院大樓，坐在他可能坐過的沙發上看著學生們，他們正熱絡地討論憲法，也可能是當天的午餐菜單。

入學三年後，馬奎斯從法學院退學，辜負了父親希望他成為律師的期望。七十年後，位於哥倫比亞國立大學校園內最佳地點的加布列．賈西亞．馬奎斯圖書館證明了他的選擇是正確的。我在圖書館前面走來走去，讀著牆上的廣告。今日的哥倫比亞大學生正試著尋找他們需要的室友、樂隊成員和書籍，沒有感受到校內暴力事件或爆炸事件的威脅。就像我能夠安全地上大學念書，韓國的前輩們經過了艱苦的民主鬥爭，直到一九八〇年代才獲得和平。二十幾歲的哥倫比亞年輕人正享受著某種不完美但足夠安全的和平。

除了吃飯和睡覺的時間，我持續在波哥大城裡走來走去，有時光是走路這件事就是極大的安慰，特別是想到那些好幾個月都被剝奪自由行走權利的人。

波哥大的街道

麥德林，森林之城

登機時間是早上九點半，所以我早上五點就退房離開飯店，外面仍然很黑，離機場有三十分鐘車程。忍住想喝被稱為「南美星巴克」胡安・巴爾德斯咖啡（Juan Valdaz Café）的誘惑，我登機了，短短五十分鐘就抵達擁有三百八十萬人口的哥倫比亞第二大城麥德林。

麥德林機場距離市區四十分鐘車程，因為住在勞瑞雷斯（Laureles）附近，我花了更久才抵達飯店，但是一點都不覺得耗時久遠，那是一段很棒的路程，沿途風景賞心悅目。群山環抱的盆地裡深粉色或紅梅色的屋子讓人彷彿置身於釜山密密麻麻的房屋中。我看著那些美麗的深粉色房屋在一場意外的森林大火中熊熊燃燒，無法阻止自己想像那看起來就像浸在濃稠的血水裡。

普遍而言，安蒂奧基亞省（Antioquia）首府麥德林是有著強烈「快樂並坦率」形象的城市，摩托車騎士不分性別和年齡。麥德林的城市交通真的差到不行，斑馬線不多，腳踏車、摩托車、計程車、公車等雜亂行駛著，大眾交通被計程車取代。隨著塞車愈演愈烈，計程車司機大喊「Seguro!」（安全）。不知道是不是太多扒手或持刀搶劫，司機叫我鎖上車窗。離開機場約一個小時後，我進入了勞瑞雷斯的旅館。

這是一間由普通二層樓建築改建而成的陰暗旅館。電視雖然能看但斷斷續續，我幾乎看不出來那是足球賽還是棒球賽。無線網路在浴室的收訊最好，廁所的水沖不下去，熱水卻沒有問題，是一間用水箱取代冰箱和飲水機的廉價旅館。不過這裡有一個看得到森林的小露台，只要想出門，隨時可以出門到處走走，或在超市門口和穿著黃色或藍色應援服裝的人一起看世界盃。不用翻床墊檢查以防止被監聽，不用感受每天戴著手銬睡去，又因為被人用槍指著頭而在睡夢中醒來的極其不悅。我不奢侈，但我喜歡自由。

然而，三十年前的哥倫比亞，有一個人靠剝奪別人的自由過著奢侈的生活，到頭來卻過著被剝奪自由的生活。曾有一段時間，麥德林不是政府的城市，而是某一個人的城市；曾有一段時間，哥倫比亞不是一個憲政國家，而是掌握在黑幫老大手中。那個人就是當年創造「哥倫比亞等於毒品」的「毒王」巴勃羅．艾斯科巴。本章亦然，他將取代馬奎斯成為主角。

綁架的套路

計程車停在麥德林市中心的紅綠燈前，我看到街頭藝人騎在伙伴的肩膀上，拿著三把開山刀玩雜耍。那時我突然想到，過去幾十年不斷發生流血事件的麥德林的確應該要有這樣的藝術家，但對於典型的加勒比海度假勝地聖安德烈斯島（Isla de San Andrés）來說，安靜撥弦的藝術家就很足夠了。

就像街頭藝術家揮舞刀子玩雜耍一樣，馬奎斯揮舞著筆，玩轉於非文學和文學之間。他相信看似最不切實際的小說實為透過詩意轉化的現實，但並沒有把所有的真實都扭曲成虛構的故事。馬奎斯同樣是一位傑出的記者，每隔十五到二十年會出版一部紀實小說，如一九六二年的《惡時辰》、一九八一年的《預知死亡紀事》、一九九七年的《綁架新聞》。他認為新聞能讓人類生活在現實中，和小說一樣重要。

《綁架新聞》是講述十位記者在哥倫比亞政治最動蕩的時期，於一九九〇年八月至一九九一年六月被黑幫綁架的報導文學。一九九三年，在做為主角出場的瑪魯哈・潘邱（Maruja Pachón）和她先生阿爾貝托（Luis Alberto Villamizar Cárdenas）的提議下，馬奎斯以一年為期開始創作這部作品，花費約三年時間取材，直到一九九六年才出版。

哥倫比亞第二大城麥德林

位於哥倫比亞西北部安地斯山脈高地的麥德林曾經是獨霸全球毒品市場的城市。巴勃羅・艾斯科巴領導著最大的販毒組織麥德林集團。他在六〇年代後期哥倫比亞處於內戰漩渦時開始販毒，勢力大到政府無法控制，經常犯下綁架和暴力行為。然而，麥德林正在擺脫其負面形象，轉變為一座創新城市。

當時的美國總統比爾・柯林頓（William Jefferson Clinton）自稱是馬奎斯的粉絲，並將《百年孤寂》選為「威廉・福克納逝世後最棒的小說」，讀了《綁架新聞》後說道：「他是有著偉大的內心和精神的人，他教會我們如何將自己封閉在恐懼中，並有可能控制和支配，告訴我們財富和權力比愛更重要這件事是一種幻覺。」[1]

綁架事件發生在一九九〇年十一月七日，當時八名手持機關槍和手槍的男子朝著菁英記者世家出身的瑪魯哈開火。他們綁架她是為了表明立場，還偽裝為合法共產主義組織M－19，實際上卻是黑幫「國外引渡者」（Los Extraditables）的成員。「國外引渡者」是一個反對將哥倫比亞的毒品犯引渡到美國接受審判的組織，主導者為艾斯科巴，他說：「我寧願葬在哥倫比亞，也不願在美國坐牢。」

瑪魯哈被關在一個小房間內並受到監視半年。她是著名政治家阿爾貝托的妻子，也是路易斯・加蘭的小姨子。加蘭為了改善自由黨（Partido Liberal Colombiano，簡稱PLC）的腐敗政治在一九七九年成立了新自由黨（Nuevo Liberalismo），後來在競選總統時被黑幫暗殺。在加蘭吸引了數千人的麥德林集會上揭露了他的陰暗意圖後，艾斯

1 出自賈斯汀・韋伯斯特，紀錄片《賈伯：加布列・賈西亞・馬奎斯的創造》。

科巴成了與新自由黨對立的保守派下議院議員。一九八九年八月十八日，有力的總統候選人加蘭被刺客開槍殺害。另一方面，阿爾貝托是一九八五年通過毒品法和引渡法的主要人物，一九八六年十月二十二日曾遭黑幫槍擊，後被任命為印尼大使。阿爾貝托暫離職位後返歸哥倫比亞，這一回「國外引渡者」使用滿是炸藥的汽車綁架了他太太瑪魯哈和他妹妹碧雅翠絲（Beatriz Villamizar de Guerrero）。

被綁架的瑪魯哈和碧雅翠絲遇到了兩個月前就被綁架的瑪麗娜（Marina Montoya），前總統祕書室主任——當時維爾吉利奧．巴爾加斯（Virgilio Barco Vargas）政府中握有實權的人之一——的妹妹，同樣是「國外引渡者」報復前政府的籌碼。「國外引渡者」並沒有就此停止，而是綁架了十位關鍵人物，目的是報復曾任加蘭競選活動負責人、於飛機襲擊中倖存並成為哥倫比亞第二十八任總統的塞薩爾．加維里亞（César Augusto Gaviria Trujillo）。被綁架的人包含前總統朱利奧．圖爾拜（Julio César Turbay Ayala）的女兒戴安娜（Diana Turbay），以及哥倫比亞兩大報社之一的《時代報》總裁之子、記者弗朗西斯科．桑托斯（Francisco Santos Calderón）等人。

黑幫要拉斐爾神父讓艾斯科巴自首，直到艾斯科巴被囚禁在森林圍繞，有客廳、廚房、院子、書房、圖書館、浴室、淋浴間、更衣室和運動場，並能避開敵人監視的豪華監獄之前，黑幫不停殺害無辜的人。其中，瑪魯哈做為談判中的主要籌碼被帶著到處跑，而她在被綁架期間遭受了膀胱炎、下體出血和掉髮等生理痛苦，仍堅信總有一天會被釋放。然而，黑幫繼續進行報復性殺戮。身為運動外科醫生之妻的無辜市民瑪麗娜以要移動到其他場所為由被帶走，卻未能活著回來。描繪她身中六發子彈、臉被打得支離破亂，連親生兒子都認不出來的橋段是《綁架新聞》全書最恐怖的一幕。屍檢後，她與其他兩百具屍體榮辱與共地被埋葬。

一九八九年，決心向黑幫宣戰的加維里亞總統開始向「國外引渡者」丟出自首的提案。一九九〇年九月五日通過行政法第二〇四七條，規定自首者不予引渡、認罪減刑，黑幫卻不接受。做為釋放人質的條件，艾斯科巴要求對「國外引渡者」取消軍事行動並撤回精銳部隊，還特別威脅如果不把殺害黑幫的主要官員免職，就會引爆炸彈。

一九九〇年哥倫比亞總統大選前，四名總統候選人被暗殺，大樓和飛機接連遭到炸毀。一九九一年是最殘酷的一年，每三天就發生一起大型事故，約四百名警察在以麥德林為中心的恐怖攻擊中喪生。警察不認輸地潛入他們認為支持艾斯科巴的麥德林公共農場，射殺裡面的居民。對此，艾斯科巴一方揚言，如果不懲治主事的警察，將炸毀卡塔赫納的遺址。不僅是艾斯科巴的黑幫恐怖分子，游擊隊也反對加維里亞政府的和談，引起了大大小小的恐怖攻擊。

這段期間，一九八三年九月至一九九九年一月，二十六位記者被黑幫暗殺，其中包括哥倫比亞大型日報《觀察家日報》發行人吉列爾莫·卡諾（Guillermo Cano），也就是帶馬奎斯走上記者之路的恩人。他因為發表了一篇譴責毒品交易的文章而受到黑幫威脅，一九八六年在某報社前被槍殺。

減刑行動失敗後，加維里亞總統於一九九〇年十二月十四日修改行政法第二〇四七條，頒布了第三〇三〇條，規定在不合計所有刑期的情況下，依照最長刑期執行。沒有具體說明引渡的具體範圍和特赦期限，但足以迫使與艾斯科巴關係密切的奧喬亞三兄弟（Juan David Ochoa Vásquez、Jorge Luis Ochoa Vásquez、Fabio Ochoa Vásquez）出面自首。

銀或鉛

艾斯科巴的口號「銀或鉛」（plata o plomo）就是「順我者賺錢、逆我者亡」，二選一」的意思，看你要選擇與黑幫合作生存，還是對黑幫抗命而死。飽受低薪、生命威

《綁架新聞》第一版

一九九六年出版的《綁架新聞》是記錄十名記者在一九九年八月至次年六月期間於哥倫比亞首都波哥大被艾斯科巴販毒集團綁架的紀實小說，是一部跳脫了魔幻現實主義，以記者身分創作的作品。馬奎斯將這部生動證實了他的國家混亂和腐敗的作品概括為「人類犧牲的故事」，也因為這個作品不得不再次流亡。

脅、金錢誘惑之苦的公務員、法官、檢察官和政客，都被他玩弄於股掌之間。近五千人籠罩在他的恐怖下喪生，其中包括選擇抵抗的警察和法官，以及在艾斯科巴身邊吸取權力鮮血的律師圭多．法羅（Guido Parro）。

出身貧寒、白手起家的商人不止玩弄人於股掌。艾斯科巴一九七六年創立了麥德林集團（Medellin Cartel），一度控制了全世界八成的古柯鹼市場。不僅如此，該集團還涉足農場、營建業和汽車業等，將事業發展為大型企業，甚至進行了飽受內戰和石油衝擊之苦的哥倫比亞政府無法推動的救貧計畫。結果，艾斯科巴獲得了大眾的支持，甚至出馬競選總統。後來當他成為每六個小時就必須更換一次藏身地點的通緝犯時，幫助他的人都是自認曾經受惠於他的麥德林居民。居民追捕警察並將他們交給黑幫，愈來愈無法區分真相與謊言、善與惡。人們為了獲得毒品，說謊製造出更多的無辜受害者，並說服自己這一切都只是為了自己的家人和幸福。由於對艾斯科巴抱持錯誤的期望和信念，他們認為當罪犯可以活得更好，讓自己成為了他人，無法成為主宰自己人生決定的主體，淪為奴隸。人質不是瑪魯哈、碧雅翠絲、黛安娜和瑪麗娜，而是關押他們、並和他們共同生活的警衛和他們的共同體。

不幸的是，哥倫比亞有許多來自哥倫比亞革命武裝力量（FARC）分支出去的幫派和武裝團體，活躍成員超過六千人。他們依舊透過販毒、販賣人口和恐怖攻擊引起混亂。即使到了二〇二一年，《綁架新聞》依然有其價值，政府與黑幫的戰爭尚未停歇。

巴勃羅．艾斯科巴博物館（Museum Pablo Escobar）宛如一座隱匿在山頂的堡壘，藍色大門就像他仍然進出時一樣透過保安系統啟動。我總共付了九萬披索，包括一張有馬奎斯頭像的鈔票，拿到一個讓人想到迪士尼樂園的出入證手環。以做了人工美甲的美手努力解釋的導遊，以及曾與弟弟一起做生意現在負責經營博物館的艾斯科巴親哥哥，自豪地介紹博物館和艾斯科巴的種種事蹟。這裡展示了包括艾斯科巴差點被擊中的彈痕、他用過的廁所、他藏錢的地方（閣樓、書桌、馬桶）、他的摩托車和汽車、他哥哥當自行車選手時的照片、雙親的照片、他的照片、他的通緝照、養在私人動物園並破壞哥倫比亞生態的非洲進口河馬照片等。根據博物館的展示，艾斯科巴的生意如火如荼時，光是購買綁現金的橡皮筋，每個月都花掉約兩千五百美元。

博物館旁邊一家小商店出售艾斯科巴在獄中親筆畫的漫畫、印有他頭像的帽子等。就像他雇用自己的心腹、置身豪華監獄仍經營著各種販毒生意，他死了以後，也持續利用無知觀光客的好奇心繼續撈錢、做生意。

離開博物館時，艾斯科巴的哥哥自然地摟著我的腰，擺出拍照的姿勢，我雖然超級

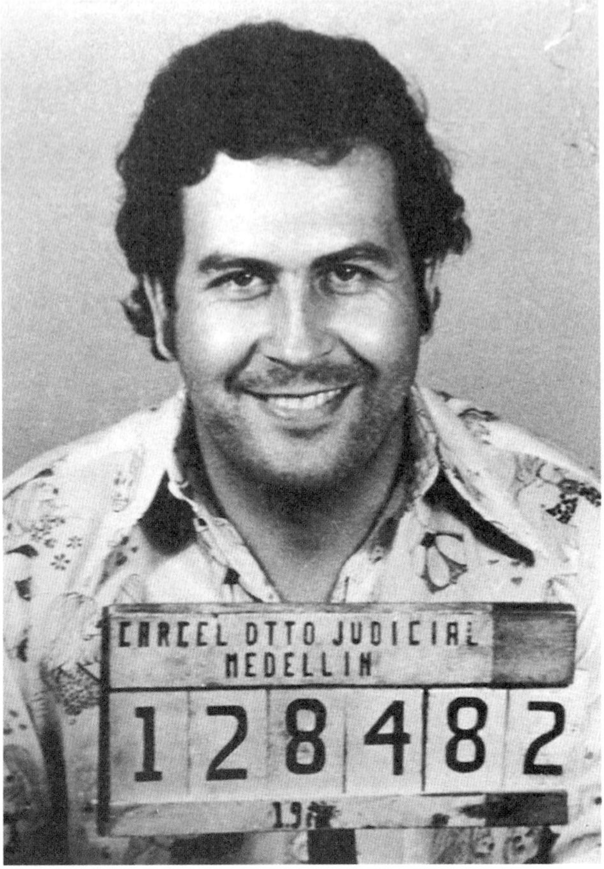

毒梟巴勃羅・艾斯科巴

「銀或鉛」即「順我者賺錢、逆我者亡，二選一」，艾斯科巴靠此霸占了全球八成的古柯鹼市場。他不僅憑藉雄厚的財力進軍營建、汽車等產業，還透過政府未能做到的建設社會基礎設施和救濟貧民等，獲得了廣大民眾的支持。他甚至步入政壇，一度夢想成為總統，卻因美國和哥倫比亞政府的聯手行動成為被追捕的罪犯，最終被射殺。

艾斯科巴的哥哥

一九九三年十二月二日，因綁架、謀殺和恐怖主義而臭名昭著的艾斯科巴逃到了住宅區屋頂上，被後有美軍支持的哥倫比亞警察開槍打死。儘管是擾亂世界秩序的罪犯，但紀念他成就的博物館和旅遊專題仍然繼續讓遊客驚嘆不已。該博物館現在由他的兄弟經營。

慌張，但把他當成迪士尼樂園裡面穿著人偶裝的工作人員，心裡就稍微舒服些了。艾斯科巴哥哥的耳朵在某次監獄裡的爆炸中受了傷，說不定當自行車選手會比較幸福。

我感受得到艾斯科巴家族經營這間博物館的明確意圖：「雖然艾斯科巴透過販毒賺了很多錢，獲得了權力和聲望，但他代表哥倫比亞國家幫助人民，卻因為警察和軍隊而犧牲」，如此美化一個曾被懸賞一千萬美元的通緝犯，並為他的後代生計貢獻一己之力，讓我感到些許淒涼。無可避免地，我很自然地比較這裡和後來才拜訪的、阿拉卡塔卡的馬奎斯舊家。想起那分文未取卻讓人湧上感動，想起那沒有任何管制或監視卻讓人有機會棲息在世界最高的樹上的樸素紀念館，我逃跑似地離開了毒梟的堡壘。

馬奎斯的朋友們

馬奎斯的閱讀經歷

書籍就像馬奎斯的朋友，他和父母一起生活了不到三年，輾轉於阿拉卡塔卡、巴蘭基亞、卡塔赫納、辛塞和蘇克雷之間。他迷上了儒勒・凡爾納的奇幻，在課堂上偷偷背誦詩歌，並在兩年內讀了所有哥倫比亞文學作品。他十四歲時與塞薩爾・巴葉霍結為好友，也就是以聶魯達的信念為首的「石頭與天空」（Piedra y Cielo）首領，該團體集結了加勒比海的年輕詩人，大家一起閱讀聶魯達直到精神疲勞。

馬奎斯在錫帕基拉國立寄宿中學（Liceo Nacional de Zipaquirá）讀了《一千零一夜》、《金銀島》和《基督山伯爵》這些如毒品般讓他感到幸福的作品。令人吃驚的是，被稱為「南美塞萬提斯」的他並不喜歡《堂吉訶德》。

雖然文法、拼寫和數學成績都爛到不行，背誦詩歌卻異常出色，馬奎斯的童年就是在背詩和畫漫畫中度過。在錫帕基拉國立寄宿學校度過的四年裡，他和連足球長什麼樣子都不知道後來卻成為《時代報》體育記者和足球評論員的溫貝托・海梅（Humberto Jaimes）、全校第一名的筆記高手塞爾吉奧・卡斯楚（Sergio Castro）、後來幫助撰寫自傳的阿爾瓦洛・魯伊斯（Álvaro Ruiz Torres），以及其他來自加勒比海的朋友們，還

原莫利諾咖啡館所在地

在哥倫比亞國立大學法學院就讀期間，馬奎斯沒有因為父親期望他成為律師做準備，而把大部分時間都花在莫利諾咖啡館閱讀希臘經典和其他文學作品，或與加勒比海作家交流。讀完法蘭茲·卡夫卡的《變形記》後深受震撼的他寫下了第一篇短篇小說《第三度的斷念》。莫利諾咖啡館對馬奎斯來說就像家，該咖啡館於一九四八年波哥大暴動期間被燒毀。

有伴隨他一生的香菸和愛情聚在一起。

波哥大是馬奎斯度過高中和大學時光的地方，他擔任《觀察家日報》記者的地方則是比阿拉卡塔卡更出色的博物館。波哥大也是莫利諾咖啡館所在地，馬奎斯在這裡結識了來自加勒比海地區的文人朋友。

在哥倫比亞國立大學學習法律期間，馬奎斯住在弗洛里安街（Florián Street）的寄宿公寓，大部分時間都在莫利諾咖啡館讀書。這間咖啡館位於吉門內德各薩達大街（Avenue Jimenez de Quesada）和第七街的轉角，距離他的寄宿處兩百公尺。開朗自由奔放的加勒比海人馬奎斯和他的加勒比海朋友一起對抗冷淡封閉的波哥大人（cachaco）。他閱讀波赫士、大衛・勞倫斯、赫胥黎、格雷安・葛林、G・K・卻斯特頓（Gilbert Keith Chesterton）、葉慈、康乃爾・伍立奇（Cornell Woolrich）、凱塞琳・曼斯菲爾德（Katherine Beauchamp Mansfield）等人在二戰後的文學中心布宜諾斯艾利斯剛出爐的新譯本。「失落的一代」作品風靡一時，他自然而然讀了英美小說家的書。他和蘇克雷時代的朋友、醫學書呆子多明戈・維拉（Domingo Manuel Vega）一起玩樂，有時也在讀完波赫士翻譯的卡夫卡《變形記》後失眠。

我曾經嘗試撰寫短篇小說，但一旦訂定了主題就很難推進，大部分最終都以徒勞無功收場。（……）我的室友中有一個讀許多書的人，某天，他對我說「讀這個」，給了我一本黃色的書，是卡夫卡。（……）我讀了第一段就認為這本書是一場革命。裡頭有非常重要的關鍵，技術、敘事技巧，我當時未有那些資質。我醒來後寫了我的第一篇短篇小說，也就是發表在《觀察家日報》的《第三度的斷念》。從那天起，我就訂下了閱讀現代小說的目標，並且從未放棄。

——伊芙・比倫等，摘自紀錄片〈加布列・賈西亞・馬奎斯〉

那時在咖啡館不只可以舉辦讀書會、聯誼活動、文學講座，還能收取郵件。馬奎斯直到一九四八年四月九日莫利諾咖啡館在波哥大暴動中被燒毀都住在那一帶，沒錢租房子就在街上閒逛，去咖啡館沒有系統的閱讀，看到什麼就讀什麼。他用雙手供奉的書則是詹姆斯・喬伊斯的《尤利西斯》——在我每年的必讀書單中名列前茅。

馬奎斯因為朋友古斯塔沃（Gustavo Ibarra Merlano）愛上了希臘神話中半人半蛇的拉米亞（Lamia），奧斯卡・德拉埃斯普里利亞（Oscar de la Espriella）則提供千日戰爭中鮮為人知的情報，為《百年孤寂》中縮影為奧雷里亞諾・波恩地亞上校的個性立下大功。由政治經濟學教授經營的自由書店「大哥倫比亞」裡，馬奎斯在朋友偷書時幫忙把風。如果沒有這個朋友，他只能在馬丁尼斯步道到處徘徊。

三十年後復活預知死亡

雖然比不上香蕉大屠殺，但有一件事在馬奎斯的青年時期留下了深刻烙印。事發三十年後在他心裡仍像一筆債，原因就是母親路易莎的要求。

一九五一年一月二十二日，醫學生卡耶塔諾・貞提爾（Cayetano Gentile Chimento）在哥倫比亞小鎮蘇克雷的中央廣場上被兩名男子像殺豬一樣砍殺，兇手是他的前女友瑪格麗塔・奇卡・沙拉斯（Margarita Chica Salas）的兩個哥哥維克多・曼努埃爾（Víctor Manuel Chica Salas）和何塞・華金（José Joaquin Chica Salas）。殺人起因是幾天前準新郎米格爾（Miguel Reyes Palencia）在婚禮當天收到一張紙條，上面說瑪格麗塔不是處女，他們的婚姻注定會失敗。兩兄弟因為妹妹被前男友卡耶塔諾玷污和拋棄而氣憤不已，故而下手。

被謀殺的卡耶塔諾與馬奎斯的家人關係特殊。馬奎斯的母親路易莎當時與家人住在蘇克雷，卡耶塔諾的母親胡莉耶妲（Dona Julieta Chimento）是馬奎斯八妹南馳的教母；就在前一天，馬奎斯的弟弟路易斯．安立奎還與卡耶塔諾在一起；直到遇害前幾分鐘瑪格特都在卡耶塔諾身邊，馬奎斯十一歲的弟弟艾梅甚至親眼目睹了這場刺殺。

馬奎斯的母親懇求兒子不要在兇手還在世時，將他們寫進書中。三十年後，她將卡耶塔諾的母親胡莉耶妲去世的消息告訴兒子，要求他像處理自身故事那樣寫作這樁故事。當時馬奎斯近乎封筆。智利的薩爾瓦多．阿葉德（Salvador Guillermo Allende Gossens）政權一九七三年被奧古斯圖．皮諾契特（Augusto José Ramón Pinochet Ugarte）以軍事政變推翻後，馬奎斯於一九七五年出版了《獨裁者的秋天》，並一直住在墨西哥，宣布封筆，未再創作任何小說，直到皮諾契特政權垮台後才返回波哥大，創辦極左翼雜誌《Alternativa》並以輿論家的身分活躍著。

一九八一年，事件發生三十年後，這個沉寂已久的故事以中篇小說的形式出現在世人面前，名為《預知死亡紀事》。雖然大部分內容皆為改編，但由於取材自真實故事，且是馬奎斯宣布封筆後的第一部小說，在西語文化圈引起了巨大轟動，第一版就賣出一百萬冊，並於一九八七年翻拍成電影。

巴蘭基亞小組

我離開小鎮蒙波斯，坐了七個小時客運來到加勒比海最大的沿海城市巴蘭基亞，客運站外又熱又髒又擁擠。汽車、公車、摩托車和馬匹混雜在一起，不顧紅綠燈地狂奔。客運站旁邊有一個男人睡在地板上，正在幫自己的手機充電。街道上滿是無家可歸的遊民，一旁的孩子們則為路過的汽車擦玻璃以賺取報酬。

我去了會議中心（Malecon Golden Gate Convention Center），因為只要從那裡越過長長的臨時橋樑，再往前走四百公尺，就可以看到馬格達萊納河。馬格達萊納河直接流入加勒比海，在此可體驗強勁的風、看著大船駛過，烏鴉和海鷗飛過頭頂。一頭牛屍像人魚尾巴般順流而下，烏鴉成群朝它飛去。

與擁有悠久歷史和文化的卡塔赫納相比，巴蘭基亞是一座無聊的城市，但託地理位置的福，它曾經是手風琴演奏者和吟遊詩人經常造訪、十分熱鬧的貿易中心。然而若與今天的巴蘭基亞相比，馬奎斯生活的一九五〇年代已是這座城市的鼎盛期。此外，這裡也與因為波哥大暴動而在二十年內接連觸發的大規模暴力事件現場不遠。帶著從母親錢包偷來的兩百披索，馬奎斯前往巴蘭基亞並住了約莫四年，同時也展開了他的記者和文人職業生涯。

二十三歲的馬奎斯自由自在地生活在一個滿是歐洲妓女的妓院附近。那時的他放蕩不羈，與淋病和香菸為伍，從不刮鬍子，就像個愛穿花襯衫的波西米亞人。熱愛時尚又熱愛文學的馬奎斯遇到了巴蘭基亞小組，對於他成為作家產生了巨大的影響。當時，許多知名知識分子聚集在聖布拉斯（三十五街），這裡有哥倫比亞咖啡廳（Colombia Cafe）、哥倫比亞劇院（Cine Colombia）、羅馬咖啡廳（Rome Cafe）等新潮的店家。其中，世界書店（Mundo Bookstore）是巴蘭基亞文學的中心，書店老闆是六十多歲的唐・拉蒙・維涅斯。

維涅斯是一位於西班牙內戰期間為了逃避佛朗哥的迫害而逃往哥倫比亞的西班牙詩人，也是《百年孤寂》加泰隆尼亞智者的原型。透過他的介紹，馬奎斯第一次認識了巴蘭基亞小組的朋友，與那些比自己年長八歲或十歲的人若無其事地討論文學。多虧了這個比拉丁美洲任何文學運動或知識團體早了二十五年的團體，馬奎斯才能輕鬆讀到威廉・福克納、維吉尼亞・吳爾芙、海明威和波赫士的作品。其中，威廉・福克納的作品可謂巨星般的存在。

巴蘭基亞小組的早期成員包括赫爾曼・巴爾加斯（Germán Vargas），一位不折不扣的讀書狂，曾當著馬奎斯的面撕毀並焚燒了一篇他不喜歡的社論；阿方索・福恩馬約爾（Alfonso Fuenmayor），一個開車時速二十公里，卻能速讀四種語言的書籍，懷抱自由主義的人；馬奎斯最好的朋友還包括影評大師兼無政府主義者阿爾瓦羅・薩穆迪歐（Alvaro Cepeda Samudio），以及在費爾南多・波特羅（Fernando Botero）成名之前，二十世紀初最著名的西班牙畫家亞歷杭德羅・奧夫雷貢（Alejandro Obregón）。這些人之中，阿爾瓦羅英俊瀟灑、精力充沛，雖然不著迷於女人，卻是男人中的男人。馬奎斯與他在討論福克納時差點打起來，但阿爾瓦羅送了《戴洛維夫人》（*Mrs. Dalloway*）給馬奎斯當禮物，兩個人成了時不時通話的摯友。阿爾瓦羅於一九七二年去世，享年四十六歲，是巴蘭基亞小組的傳奇人物。

　馬奎斯想逃離一切時，會去羅馬咖啡廳寫作、去波利瓦步道散步，去「洞穴」（La Cueva）喝酒，或者睡在大馬路

將馬奎斯打造為作家的巴蘭基亞小組

上。由於付不起房租，他在綽號「巨塔」的妓院住了一年。位於四層樓頂樓的雅房當時很少見，每晚只需要一塊半披索，服務卻是一流。妓女瑪麗亞．恩卡納西翁（María Encarnación）負責熨燙衣服，門房達馬索．羅德里格茲（Dámaso Rodríguez）接受以最新的手稿當租金與押金。馬奎斯與妓院的妓女談論書籍，幫妓女代筆寫信以換取肥皂和早餐。一九五〇年他化名賽普提姆（Septimus），開始為「巨塔」對面的報社《先鋒報》（*El Heraldo*）撰寫專欄，筆名取自《戴洛維夫人》其中一角。

福克納的影子

馬奎斯涉足政界時，許多朋友離他而去，但詩人兼小說家穆蒂斯仍留在他身邊。穆蒂斯比馬奎斯大四歲，兩人首次見面是馬奎斯二十多歲時，他們一起為同一本雜誌撰稿。即使馬奎斯移居墨西哥，他們仍當了三十年鄰居，友誼非常親密，以至於穆蒂斯死後隔年，馬奎斯也追隨他的腳步而去。

穆蒂斯得知馬奎斯撰寫《百年孤寂》的十八個月內講述的故事與他實際所寫完全不同時非常憤怒，即便如此，他一直是馬奎斯第一個讀者和旅伴。他們一起從巴塞隆納前往普羅旺斯艾克斯、亞歷山大港、佛羅倫斯、拿坡里、貝魯特、埃及和巴黎旅行。穆蒂斯在巴黎某家咖啡館前假扮乞丐乞討、在巴塞隆納酒館裡假扮聶魯達並送上假簽名、差點在普羅旺斯出車禍，兩人都在一起。

與定期重讀普魯斯特作品的穆蒂斯一樣，馬奎斯也會重讀年輕時喜愛的作品。然而，除了梅爾維爾（Herman Melville）、史蒂文森（Robert Lewis Balfour Stevenson）和大仲馬，他喜愛的大部分作品都帶來了幻滅感，但福克納對他來說依舊是一位十分重要的作家。與巴蘭基亞小組在一起的時期讓馬奎斯相信美國南方和加勒比海地區之間有相似之處，所以像外科醫生般解剖並閱讀福克納的作品。結果，馬奎斯寫出他第一部小說，以福克納那個名為約克納帕塔法郡的烏托邦為基礎，寫下了他的馬康多，但被羅薩妲出版社（Editorial Losada）的編輯基耶爾莫・妥雷（Guillermo de Torre）以缺乏才能為由拒絕。

馬奎斯的處女作《枯枝敗葉》歷經波折後終於問世，是他和母親一同前往阿拉卡塔卡，看著塵土飛揚的街道和廢棄的房屋後，修改了七次才完成的作品。主角為外公、母親和兒子，宛如《百年孤寂》的原型。

作品揭示了外公引入的香蕉大屠殺事件和他創造新烏托邦的野心，但說的不好聽一點，這部作品就像福克納的課程「小說創作實踐一」的練習作業。書中出現了希臘戲劇主角透過獨白描述垂死之人和村莊淒涼的景象、乾枯的落葉橫掃街道、裝著屍體的棺材，全書近乎荒廢的景象有如福克納的《我彌留之際》（*As I Lay Dying*）氛圍，很難找到馬奎斯廣為人知的風格。當然，也因為有了《枯枝敗葉》，十二年後才有名作《百年孤寂》巨作問世。

對卡斯楚和古巴的愛

馬奎斯是社會主義者，賦予寫作「實現政治革命」的意義，與古巴革命領袖卡斯楚建立深厚的友誼也非巧合，兩人的關係持續了將近四十年。一九四八年，二十歲的馬奎斯在波哥大暴動中偶遇卡斯楚，從此對他著了迷，每天都收聽古巴的反對黨廣播電台Rebelde，並閱讀每一篇關於卡斯楚的報導。

一九五九年一月十九日，古巴革命大獲成功後，馬奎斯和朋友們多薩立刻動身前往古巴的哈瓦那體育館，那裡正在審判前巴蒂斯塔（Rubén Fulgencio Batista y Zaldívar）政權的政治人物。返回哥倫比亞後，馬奎斯加入一個支持古巴革命的團體，正式展開社會主義相關活動。與使用詩歌當政治武器的聶魯達一樣，馬奎斯視自己為古巴和拉丁美洲革命的政治工具。為了重振在切・格瓦拉死後成為一盤散沙的南美革命，他拜訪M－19等知識分子團體，並提倡和平示威而非武裝鬥爭。他曾任拉美社波哥大分社的負責人半年，後來因與共產主義激進分子發生內部衝突而離開古巴，但對古巴革命領袖卡斯楚的愛不容置疑。

另一方面，卡斯楚與前巴蒂斯塔政權相同，在多次修憲和執政期間開始受到知識分子的批評。考慮到自十八世紀以來出現於拉丁美洲的獨裁者和獨裁領袖的興衰，這很常見。阿根廷的羅薩斯（Juan Manuel de Rosas）、委內瑞拉的戈麥斯（Juan Vicente Gómez Chacón）、薩爾瓦多的馬丁內斯（Maximiliano Hernández Martínez）、多米尼加共和國的特魯希略（Rafael Leonidas Trujillo Molina）、古巴的莫拉雷斯（Gerardo Machado y Morales）、墨西哥的迪亞斯（José de la Cruz Porfirio Díaz Mori）、瓜地馬拉的卡布雷拉（Manuel José Estrada Cabrera）、海地的杜瓦利埃（François Duvalier）、巴拿馬的陶瑞賀士（Omar Torrijos）、智利的皮諾契特，這些中南美洲獨裁者的共同點是經由政變或英雄事蹟上台，卻未能克服長期掌權的誘惑，最終都想透過修憲施行獨裁和政治迫害，因而沒落，卡斯楚也不例外。然而，馬奎斯並沒有停止支持卡斯楚，一九六八年切．格瓦拉去世後，他與拉美的知識分子之間正式出現裂痕。一九六八年是對於全世界都有許多重要意義的一年，蘇聯入侵捷克斯洛伐克、歐洲發生由學生領導的大規模運動「五月風暴」（Mai 68），以及將古巴革命勢力一分為二的帕迪拉事件。

帕迪拉事件始於古巴詩人赫伯托．帕迪拉（Heberto Juan Padilla）因為支持被稱為「革命的叛徒」的作家吉列爾莫．因凡特（Guillermo Cabrera Infante），因此失寵於卡斯楚的革命政府，以叛國罪被捕，並被記於反革命分子名單上遭到羞辱。包括尤薩（Jorge Mario Pedro Vargas Llosa）在內的知識分子曾經寫信抗議帕迪拉事件，對於古巴革命懷有堅定信念的馬奎斯兩次都沒有在抗議信上簽名。門多薩和尤薩因帕迪拉事件而離古巴革命遠去，拉美以魔幻現實主義為基礎的熱潮正式走上瓦解之路。

因為對卡斯楚革命政府的意見分歧，尤薩與馬奎斯斷絕關係。

帕迪拉事件之後，馬奎斯多次遭到知識分子的攻擊。甚至在二〇〇三年古巴民主異議人士被捕、試圖逃離的古巴難民被抓上船並被判處死刑時，他也不像其他在公開聲明中譴責古巴獨裁統治的知識分子，而是一直保持著沉默。

馬奎斯最好的朋友因此離他而去，而以《馬奎斯：弒神的故事》（*Historia secreta de una novela y García Márquez: historia de un deicidio*）獲得博士學位，對前輩頗敬重的尤薩亦然，並指責馬奎斯是卡斯楚的宮廷作家。此外，一九七六年，也就是以卡斯楚為原型的小說《獨裁者的秋天》出版後隔年，馬奎斯因為對尤薩的妻子揭發了他的外遇，遭到尤薩的拳腳相向，兩人的關係因之徹底結束。

與代表馬奎斯簽署抗議信的好友門多薩訣別同樣令人心碎。做為社會主義革命的同志，他們在哥倫比亞、委內瑞拉、古巴、東歐和美國各地留下深厚的友誼，而為了讓馬奎斯站穩記者身分，門多薩在波哥大和加拉加斯等地的雜誌社幫他打聽工作，並在馬奎斯前往墨西哥時爽快地借他一百五十美元的機票錢。後來，梅西迪絲看到《番石榴飄香》（*El olor de la guayaba*）中有兩人的對話，對與馬奎斯背道而馳的門多薩表示了遺憾。門多薩雖然說服他卡斯楚並非共產主義者，但馬奎斯捨棄了其他人，選擇了他的朋友卡斯楚。

一九七五年出版的《獨裁者的秋天》可以清楚看出馬奎斯對卡斯楚的強烈愛意。這部小說主要以沒有標點符號的獨白講述一位生活在加勒比海地區的獨裁老人的怪癖和瘋狂。老人像野獸般執著於性，並把主要業務交付給分身，就像會長生不老、持續統治，會將不信任或不滿意的人從根本剷除的低級人物，描繪著一個非常典型的獨裁者。在《獨裁者的秋天》中，因獨裁統治而漸漸倒下的獨裁者身影就是卡斯楚本人。當沒落的英雄像耶穌般戲劇性復活，或像唐吉訶德一樣成為不切實際的英雄，英雄的史詩就能帶給讀者歡悅。馬奎斯為了描寫權勢人物的隕落下了很大功夫，就像以拉美獨立英雄西蒙·玻利瓦（Simón José Antonio de la Santísima Trinidad Bolívar y Palacios）為原型

古巴革命的主角卡斯楚（右）和切·格瓦拉（左）。

的《迷宮中的將軍》或《沒有人寫信給上校》中等待退休金的上校。雖然《獨裁者的秋天》使用的意識流手法降低了可讀性，但適合揭露獨裁者墮入自身世界、沉迷於權力和瘋狂的本性。難讀的文體讓這部作品在商業上失敗了，馬奎斯和卡斯楚之間的關係卻急劇變得更加親近。如今的馬奎斯比起文學，更深入涉足政治和外交領域。

馬奎斯深愛著古巴，一九九九年被診斷出淋巴癌並在美國接受治療時，有人諷刺地問他為什麼不去古巴的醫院。他甚至公開表示，如果卡斯楚先死就再也不去古巴。這不僅僅是對古巴的愛，也是對朋友的愛，卡斯楚是馬奎斯在世界上最愛的人之一。

馬奎斯與外公極為相似，外公儘管知道玻利瓦的矛盾仍然支持他。玻利瓦是出身於委內瑞拉的獨立運動家和解放拉丁美洲之人，將哥倫比亞、厄瓜多、巴拿馬和委內瑞拉從西班牙殖民統治中解放了出來。馬奎斯的外公是自由黨的支持者，與玻利瓦創立的保守黨交鋒無數，甚至強迫馬奎斯視玻利瓦為偶像。

在諾貝爾文學獎獲獎感言中，馬奎斯批評皮諾契特的獨裁統治迫使十分之一的智利人口流亡，也譴責尼加拉瓜、薩爾瓦多和瓜地馬拉的暴力和屠殺事件。他對於卡斯楚的無條件始終令人難以理解，是對權力和榮譽的渴望，還是對社會主義革命的熱情，似乎只能交由每個人自行判斷了。

加勒比海式敘事

條條大路通勒洛克城

二〇一八年六月底，麥德林凌晨四點，天氣寒冷、霧氣瀰漫，我慶幸自己沒有丟掉那件不知道該不該丟的厚外套。前幾天偶遇並約好的計程車司機準時來到住處門口。眼神溫柔善良的計程車司機喃喃地說著「尼布拉」（Niebla 是西文的霧），吃力地越過宛如幽靈之城的城市，載我抵達機場，飛往卡塔赫納的飛機在霧中飛行了一個小時。

卡塔赫納閃耀奪目，陽光與黑人交相輝映。步行五分鐘抵達的民宿，主人是一位優雅且親切的白人中年婦女。就像卡塔赫納大部分的房子，民宿是間附帶小花園的房子，塗上了華麗鮮豔的原色。我放好東西，直奔市內。

卡塔赫納條條大路皆通向勒洛克城（Monumento Torre del Reloj），一旦穿過那扇城門，會覺得自己正途經十六世紀加勒比海最繁華的城市。二十世紀四〇年代後期的卡塔赫納是個遠離波哥大殘酷現實的奇妙世界，交通仍以馬車為主，而非汽車。如果波哥大有馬丁尼斯步道，巴蘭基亞有波利瓦步道，那卡塔赫納就幸運的有古城附近的長廊，足以撫慰寂寞的時光。

哥倫比亞的聖瑪爾塔、里奧阿查、巴蘭基亞和卡塔赫納皆毗鄰加勒比海，自豪擁有四百年歷史的卡塔赫納更是具代表性的加勒比海城市，自一五三三年西班牙為發展殖民地之便把它當作門戶後，便以不同於內陸地區的獨特文化而繁榮發展。隨著眾多黑奴的湧入而重生為世界級貿易港口的卡塔赫納甚至吸引了法蘭西斯・德瑞克（Sir Francis Drake）等知名海盜的聚集。為了抵禦海盜入侵，西班牙在哈瓦那、卡塔赫納等主要據點興建堡壘，這些城牆和要塞後來都被聯合國教科文組織列為世界遺產，就連一九八〇年代活躍的殘暴黑幫也拒絕在此投放炸彈。

一九四八年由於爆發波哥大暴動，哥倫比亞國立大學遭到關閉，有一段時間，馬奎斯對文學的熱情就像漂浮在河面上的動物屍體般死去。在波哥大，背離父母希望他成為律師的願望，馬奎斯逐漸成了經常翹課的半吊子學生，最後為了實現作家的夢想而從哥倫比亞國立大學退學。波哥大暴動後，他的興趣轉向透過寫作反對暴力，決定去大學讀新聞學，於是來到了卡塔赫納，抵達第一天就因違反宵禁在拘留所的床墊上過夜。馬奎斯一邊聽講新聞學課程，被一九四八年創立的自由派報紙《環球報》（*El Universal*）總編克拉蒙迪・薩巴拉（Clemente Manuel Zabala）注意到後，也開始正式撰寫報導，直至一九四九年十二月重新實行宵禁為止都住在卡塔赫納。

卡塔赫納與馬奎斯的緣分頗深。一九五一年，馬奎斯的朋友卡耶塔諾在蘇克雷被殺害後，馬奎斯的家人為了脫離那場衝擊而搬到卡塔赫納。一九八三年，馬奎斯結束墨西哥的流亡生活，與父母一起在這裡生活了一段時間，他的母親路易莎於此去世，他本人的遺骸也長眠此地，這裡還是他加勒比海別墅的所在地，以及他的愛情小說代表作《愛在瘟疫蔓延時》和《關於愛與其他的惡魔》的背景。

《愛在瘟疫蔓延時》是源於馬奎斯父母的愛情故事，並根據十九世紀加勒比海殖民城市的狀況改編而成的作品。當時，馬奎斯的父親在勒洛克城門下一家名為「代筆人的玄關」（Portal de Los Escrivanos）的店裡擔任代筆人賺取費用。代筆人是為文盲代寫文件的人，馬奎斯的父親透過為他人寫情書，抵銷自己希望成為詩人的衝動。

勒洛克城門的商店街是城裡最熱鬧的地方，破舊的帳篷、乞丐、算命先生、賣糖果的大嬸，隨處可見，滿足了二十世紀愛情小說背景地的條件。馬奎斯住在卡塔赫納時，早上寫作、下午散步，他先採訪父親，再採訪母親，然後結合雙方說法，來回奔走於父親代筆寫情書的「甜點門的玄關」（Portal de Los Dolces）和「代筆人的玄關」等街道，宛如造訪電影取景地點般來來回回。以「讓幸福成為流行」為目標，宛如昔日攤商販售的糖和餅乾的甜蜜愛情小說《愛在瘟疫蔓延時》誕生了，成為他最珍愛的一部作品。

如果說《愛在瘟疫蔓延時》是一部展現十八世紀加勒比海地區因為非洲奴隸市場迅

卡塔赫納市中心的勒洛克城

離開飽受內戰蹂躪的波哥大來到卡塔赫納的馬奎斯形容這裡有「無痛的孤獨和無盡的大海」。卡塔赫納做為西班牙殖民的門戶，自十六世紀建城以來形成了獨特的文化，是加勒比海地區的代表城市。卡塔赫納與馬奎斯的淵源深厚，他二十多歲時大多在此度過，他的豪宅和與長眠之地也在這裡。此地也是改編自他父母愛情故事的小說《愛在瘟疫蔓延時》背景地。

速發展而繁榮的卡塔赫納昔日輝煌的小說，《關於愛與其他的惡魔》則是一部描述已經沒落的卡塔赫納為了追尋昔日榮光而被時代潮流拋諸於後的小說。當時，隨著西班牙被驅逐而衰弱，卡塔赫納仍持續著歐洲式的獵巫。馬奎斯小時候從外婆那裡聽過一個女孩把自己的頭髮像婚紗般拖到地上的傳說。一九四九年某一天，古老的聖塔克拉拉修道院（convent of Santa Clara）墓地中發現了一具屍體，推測是某侯爵之女，名叫希娃・瑪利亞（Sierva Maria），十二歲。最特別的是，該女孩的頭髮長達二十二公尺十一公分。馬奎斯由此得到靈感，以一個瘋狂愛上神父的女孩，即便最後被剃了光頭，頭髮卻像泡泡般不停從女孩死去的身體上長出來結束了這本小說。

《愛在瘟疫蔓延時》和《關於愛與其他的惡魔》分別是悲慘單戀和禁忌愛情的愛情小說。但是，從馬奎斯脫離政治、回歸文學，將極其個人、關於愛情的故事歷史化的觀點來看，也可以說是歷史小說。

皇后之城

在《愛在瘟疫蔓延時》中，馬車夫進入用鮮花裝飾的殖民地風格城市的場景，充分展現了卡塔赫納的華麗美景。彌撒結束後，人們聚集在解放者玻利瓦雕像所在的大教堂廣場觀看節日遊行的熱鬧場面與今天的卡塔赫納並無二致，遊客同樣絡繹不絕。人們因為許多原因愛上卡塔赫納，獨特的溼潤空氣、過去與現在交融、來自不同文化的藝術品……對我來說，則是因為那美麗的原色。

陽光強烈的赤道或非洲地區會把房屋和牆壁盡量塗成鮮豔的顏色，以透過降低吸收太陽輻射來盡可能避免高溫。也許是受到海盜入侵時帶入非洲黑人奴隸的影響，卡塔赫納有很多紅色、綠色、藍色，擁有十六世紀西班牙建築風格和鮮豔明亮原色的房屋，看起來就像是為了參加狂歡節而盛裝打扮的美人蕾梅蒂絲。

由於堡壘如皇冠般圍繞整座城，女王之城一年最高溫可達攝氏四十度。雖然平均氣溫為三十度左右，但沿著堡壘行走對我來說就像三溫暖，唯一能做的就是用手搧風，或者走進堡壘的洞裡享受短暫的陰涼。也許是因為加勒比海的炎熱，每個洞裡都坐著一個人。從那裡看著加勒比海周圍的道路，讓我想起了以前在古巴看到的馬雷貢海灘（Malecon），想到這裡和那邊相連為同一片海域，感覺非常微妙。

對於生活在與加勒比海隔著一片大海的我們說，加勒比海就像「滑水道」、「海盜」或「散發著莫希多綠葉香氣的翡翠海」。如果抱著這樣的希望，你會因為失望而暈

卡塔赫納的街道

殖民風格的建築、為防止海盜入侵而建造的古老城牆、彩繪房屋等古今交錯的卡塔赫納帶著原色之美，是一座彷彿一整年都充滿節日氣氛的城市。這裡是知名電影外景拍攝地，根據馬奎斯小說改編的電影《愛在瘟疫蔓延時》也曾在此取景。

馬奎斯的宅邸

雖然定居於墨西哥城多年，但馬奎斯生前在五個國家留下了七棟房子，其中之一位於他熱愛的城市卡塔赫納老城區。

厥，必須在畫滿螢光壁畫的咖啡館露台上，喝一口莫希多來緩解不算飢餓的飢餓。事實上，位於加勒比海的卡塔赫納與旅行社手冊上華麗別墅前的海水顏色完全不同，是一片泛灰、乾燥、受到陽光瘋狂直射的海洋，是三十隻黃金獵犬在泥潭中翻滾、游泳後的顏色。

衝動、巧合和節日的敘事

第二天，我頂著烈日步行三十分鐘，來到了一片安靜的海灘。我神奇地看著那個陌生少年用手抓著因為洶湧的海浪而要掉不掉的內褲跳上岸，並用一把黃色大斧般的梳子仔細地梳理頭髮，然後再次重複動作——下水後，頭髮會因為海浪像海草般黏在頭上，他到底為什麼要如此勤奮地梳頭髮。我看著少年，突然一股衝動驅使我跳入海裡，結果得到了一身鹹鹹的海水。我躲在日光浴床上，在加勒比海的陽光下擦乾身體，就這樣入睡了。睡夢中好像有人說「墨鏡被海浪捲走了」。

我旁邊的一個女人搖醒我。她指指沿著海灘走的可樂小販，說賣可樂的小販抓起被海浪沖上來的墨鏡，拍掉沙子，立刻戴上墨鏡走來走去。可樂小販十分自然地把海邊當成伸展台，我也差點把墨鏡獻給了他。無論如何，這都是大海的衝動和巧合造成的事件。

典型的加勒比海人馬奎斯也以這種衝動和巧合為基礎，創造出獨特的敘事手法，那與將「巧合」視為故事發展或伏筆的英美敘事法截然不同。常見的敘事構建方式是用羽毛在讀者鼻孔裡搔癢，像是灑上名為好奇心的粉末般埋下伏筆，最後打出噴嚏將之宣洩出來。馬奎斯的敘事手法就像是將加勒比海人享受午睡[1]的悠閒生活搬入小說，雖然有點鬆散，卻因此能讓水順流而動。墨鏡被沖到面前，那就戴上四處走走；失主上門了，那就物歸原主。這樣也許會減輕緊張感，做為讀者的我們只能像看熱鬧的人一樣，臣服於冗長而優雅的敘事和輕快的文體之下。

讓我們回憶一下《百年孤寂》奧雷里亞諾二世為他的十七個表兄弟奧雷里亞諾們舉辦的慶典，無數人打破盤子、弄亂田地、追雞追牛的混亂場面，彷彿能聽到煙火炸開的聲音。瘋子般的十七個奧雷里亞諾表兄弟們，和看起來比他們更瘋的奧雷里亞諾二世，展現了奧雷里亞諾們大剌剌地將自己交付於衝動和偶然。

1 因為太炎熱，拉丁美洲等地區有午睡的文化。

里奧阿查海前

開始旅行後五十天左右的某一天，不知不覺中，別說日期，我已經變成了一個連星期幾都不看的遊手好閒人士。由於熱氣、潮溼和無盡的移動奔波，感覺已經過了三個月。迫切想「休息」的我拖著行李回到車上，下一個目的地是瓜希拉省的里奧阿查。

客運伴隨著歡快的加勒比音樂沿著九十號國道駛向茂密的香蕉園和廣闊的森林（泰羅納國家公園；Parque Nacional Natural Tayrona）。大約兩個小時後，左邊出現了海岸，右邊出現了一片巨大的森林。這裡是聖瑪爾塔內華達山脈國家自然公園（Parque nacional natural Sierra Nevada de Santa Marta），人們在河裡游泳，驢子在吃草，宛如古斯塔夫·庫爾貝（Gustave Courbet）的畫般從我眼前掠過。

每一次站在公車站，我都會看到一家一側晒著衣服的餐廳、躺在吊床上的人，院子裡有一張撞球桌。一見如此景致，我經常興奮地想跳下車。在寒冷的冷氣和吵鬧的音樂中掙扎一番後，我終於抵達了里奧阿查。

里奧阿查是通往加勒比海的主要門戶，也是海盜經常光顧的地方。馬奎斯的外曾曾祖父在這裡出生，外公在這裡經歷戰爭和牢獄生活，雙親在這裡度過新婚生活，奧雷里亞諾·波恩地亞上校則在這裡槍斃了發起七次叛亂的自由黨領袖。這裡還是西班牙王國具代表性的殖民城鎮，以及海盜法蘭西斯·德瑞克覬覦的城鎮。

里奧阿查之所以在《百年孤寂》、伊莎貝·阿言德的《財運之女》等拉美小說中經常被提及，是因為此地十六世紀曾遭英國海盜德瑞克襲擊。對西班牙王室來說，德雷克十分討人厭，他們稱他為「Draco」，意思是「龍」，認為他是魔鬼的化身。德瑞克的船隻被西班牙海軍擊沉後，出於報復，他多次襲擊西班牙無敵艦隊，並將戰利品中獲得的黃金贈與英國女王伊麗莎白一世，讓王室擺脫了金融危機，甚至被冊封爵士爵位。

抵達里奧阿查那天晚上，前一晚昏倒般入睡的我一大清早就起床了。叫醒我的是一聲超越《百年孤寂》烏蘇拉的曾祖母倒在爐子上，宛如大砲般的巨響，那在任何事都有可能發生的哥倫比亞對我來說就像一聲槍響。幸運的是，與我的想像不同，那不是黑幫火拚的槍聲，而是慶祝世界杯閉幕的鞭炮聲。從我抵達里奧阿查後，加勒比風格的音樂就從未停止，至今仍然在整個街區中迴響。我就像一隻從冬眠中突然被喚醒的鼴鼠一樣起身，揉揉眼睛，走到吹著大風的屋頂上。

里奧阿查是風之城。卡塔赫納也是沿海城市但風沒有這麼大。也許是風吹的緣故，里奧阿查海岸的浪很高。一座通往大海的長木橋從沙灘延伸出來，橋的高度有一層樓高，或許這就是為什麼有人在橋下搭帳篷，還把家具留在那裡的原因吧。

站在里奧阿查的海前，我久違地感到內心舒暢。我忘記外接硬碟壞了，也忘了因為疲憊而喪失旅行的意義，還有關於那一切所有的事。大海讓很多事情得以被原諒。離開里奧阿查的最後一天，我看到小孩子一個接著一個花式跳海，也像被媽媽抱在懷中般跳進了海裡。那一刻，沒有人找我拍合照、問我的名字，或者試圖賣哥倫比亞編織包給我。我自由了。

泡完海水浴後，我沿著三公里長的馬雷貢海灘（Malecón Playa）漫步，走到盡頭時看見一座魔幻現實主義的紀念碑，那是一座由《百年孤寂》和馬奎斯葬禮上的無數黃色蝴蝶組成的雕塑。小說裡，蝴蝶的翅膀被電風扇撕碎而死，那座紀念碑的蝴蝶卻高高聳立於天空中，彷彿隨時都能飛向加勒比海。

蝴蝶是《百年孤寂》中跨越六代人的羈絆和禁忌愛情的重要象徵。梅妹不顧母親費蘭妲反對，愛上了香蕉園維護廠的學徒，來自馬康多的毛里西奧．巴比隆尼亞。毛里西奧．巴比隆尼亞身邊總是跟隨著蝴蝶。然而，他被費蘭妲雇來的守衛用槍擊中，以癱瘓在床的狀態活著，梅妹也被流放到歐洲的修道院，直至年老死去。正如來自馬康多之外的聯合水果公司屠殺馬康多人民，外來者費蘭妲也殺害了馬康多無辜的年輕戀人。然而，六代人的羈絆並未被打破，沒有什麼能夠阻止第六代、帶著豬尾巴的奧雷里亞諾出世。

豬尾巴的滋味

烏蘇拉的姨母和荷西·阿爾卡迪歐·波恩地亞的伯父的亂倫，導致了一生保有童貞的男人的死亡；烏蘇拉對丈夫的恐懼將他變成一個殺人犯、讓跟她一樣恐懼男人的女兒阿瑪蘭塔一輩子都拒絕男人；家族最後的孫女阿瑪蘭塔·烏蘇拉無法避免亂倫，最終在生下孩子後死去。家族中流傳下來的預言，就是豬尾巴的故事。

來到距離波哥大約一千兩百三十六公里遠的哥倫比亞加勒比海的聖安德烈斯島之前，我一直覺得「豬尾巴看起來很可怕！」。看到加勒比海泛著牛奶光澤和翠綠色的獨特海水，我想給這段日子靠著油炸食品填飽肚子、窮遊的自己一點特別犒賞，在主要海灘前挑選餐廳時，偶然看到了「豬尾巴和豆子」（Frijoles con cola de cerdo）。

「想像成野山參和軟軟的骨頭」，盤內盛了被豆子湯環繞的豬尾巴，看起來就像豬吃下東西後又吐出來似地。我帶著莫名的挑戰精神舉起叉子，但看到細長尾巴間凸出的白色骨頭，我真的無法把食物放進嘴裡。結果我用吞的，感覺就像把一根斷指放入了口中。那天晚上我夢見自己屁股上插著美工刀，血不斷地流出來。後來回想起來，我一定無意識地想像過自己的屁股長出了一條豬尾巴。如果遭受如此詛咒，我同樣會輕輕地將藏在褲子裡的尾巴推到屠夫面前，即使這樣做的結果是死亡也一樣。

里奧阿查的海

里奧阿查是西班牙具代表性的殖民城鎮，也因十六世紀英國海盜法蘭西斯·德瑞克的襲擊而聞名。這裡是馬奎斯父母度過新婚生活的地方，也是《百年孤寂》奧雷里亞諾·波恩地亞上校數次叛亂的地方。馬奎斯的母親路易莎說，沒有海比里奧阿查的海更廣闊。旅人在這片大海面前，久違地感到心曠神怡。

催眠術與煉金術

馬奎斯進行催眠的方法

在西語世界中，馬奎斯被稱為「Mamagallista」，也就是幽默大師。只要說到馬奎斯，我的腦海就會浮現這番景象：我躺在綁在棕櫚樹的吊床上，喝著啤酒，讀著一本每三頁就笑出聲的書。馬奎斯的坦誠、幽默、滔滔不絕的口才和毫無破綻的故事，讓人找不到出口。

馬奎斯的作品足以讓長期憂鬱症患者迴避悲慘的生活，提供了讓人完全投入的結構，比起想知道故事的結局，讓人更想停留在他的故事中。馬奎斯用手指指示一個方向，讀者就像藤蔓一樣朝那方向順藤而上。讀者因為他的玩笑而發笑的那一刻就代表受到了馬奎斯的催眠。他到底用了什麼方法？

塑造標題的大師

作家會努力創造出讓對手頭暈腦脹的全壘打式標題。既然如此，比起單一名詞，內容或形式相互衝突的複合名詞更好，包含短語或從句但不乏味的組合也很好。比起「愛

勒洛克城前販售馬奎斯書籍的攤販

馬奎斯華麗的敘事和幽默不斷傾瀉而出，讓讀者彷彿被催眠般深陷其中。從《世上最美的溺水者》一名就能看出，他先用作品名勾起讀者的興趣和想像力，即便談論嚴肅而痛苦的生活也從未放棄扭轉生活的幽默感，並透過重複和誇大來放大這種幽默感。馬奎斯就像流浪賣藥人，在每個趕集日用雜技和演奏樂器吸引人群並推銷藥品，展現了拉丁美洲風格「說書人」的精髓。

情」、「友情」這樣普通的名詞，我更無法拒絕《人間失格》、《優雅又感傷的日本棒球》、《我想吃掉你的胰臟》之類的書；比起長篇小說，帶有挑釁意味的短篇小說標題，出色的如村上春樹的《襲擊麵包店》、《麵包店再襲擊》，以及波赫士的《博聞強記的富內斯》（*Funes the Memorious*）、《永生》（*The Immortal*）、《一個厭倦疲倦的人的烏托邦》（*Utopía de un hombre que está cansado*），這些書名本身就帶有敘事性，所以我們別無選擇，只能打開書本。愈是短篇小說，標題愈該避免單一詞彙，盡量愈長愈好。

當然，當你讀到最後一頁時，有時會覺得「標題說明了一切」，也有因為標題而無法延續主軸的時候。另外，一本主題沉重、以成為經典為目標的作品，如果突然取了「狗屎鎮」這種書名，一開始就會被排除在高階讀者的選擇之外。馬奎斯的《狗屎般的小鎮》後來就被更名為較體面的《惡時辰》，畢竟後者更有可能被列入諾貝爾獎獲獎作家的作品清單或《馬奎斯選集》。無論如何，那個短篇小說的作品名稱充分表現了他的「幽默感」。

馬奎斯的作品中，我覺得可列名優良書名的作品是《純真的埃倫蒂拉和她殘忍的祖母》和《福爾貝斯太太的快樂夏日》，雖然篇幅都不長，但名稱皆能引發聯想，非常值得一讀。波哥大危機後，馬奎斯來到卡塔赫納，應《環球報》報社總編克拉蒙迪・薩巴拉的要求，花費六個月寫下了短篇小說《死神的另一根肋骨》，名稱既抽象又具象（尤其是刺激感官的表達方式），是個很棒的標題。另外，由於國內報社不支付撰稿人稿費的做法，《納沃，讓天使們等候的黑人》等作品一分錢也沒有拿到，卻是另一個有看點的書名。另一方面，《雪地上的血跡》這個作品包含了刺激想像力的故事、畫面，如果要幫這個作品名打分數，我會給它九十九分，而且還帶有一種神祕的氣息。

不過，我覺得馬奎斯的作品中，名字取得最好的是《世上最美的溺水者》，其實我正是為了講這部小品的故事，前面才鋪陳這麼一大段。我認為這個作品名稱充分展現了馬奎斯的幽默，除了激發想像力的故事和畫面，還包括了黑色幽默的一大要素——諷刺，故事本身也很出色。精心的取名並沒有背叛我的期待，我就是為了看到絕妙的描述、敘事和文體才翻開了書頁。

◆◆ 諷刺

你知道世界上最短的小說是什麼嗎？

For sale: baby shoes, never worn.

（待售：嬰兒鞋，沒穿過。）

海明威這部小說看似講述一對年輕夫婦令人心碎的故事，卻展現了作家以簡短句子為武器的特點。當然，對於我這種挑剔的讀者，看到後會產生「picky baby」（很挑剔的嬰兒）或「本產品不可議價」之類的聯想，一點都沒有感動到。畢竟這雙嬰兒鞋的故事告訴我們，小說的長度和樂趣並非畫上等號。

馬奎斯了解這類諷刺能為微苦的人生帶來幽默，尤其沒有哪個詞比「死亡」更淒涼，與其他辭彙的落差極大。他在巴蘭基亞時過著非常困難和孤獨的生活，甚至有過自殺的念頭，但即便失去了耐心，他也從未失去幽默感。

即使是嚴肅的報導文學《綁架新聞》，瑪瑪加利斯塔也不會用笑聲來掩飾自己的貪婪。在安置被帶走的記者希羅·布斯的過程中，綁匪把他交給了一位揮霍無度的混血女人，之後的事態一發不可收拾。已經懷孕的混血女人是個派對狂人，每晚都邀請朋友到家裡狂歡，不顧自身財力、花錢如流水，所有東西都抵押給當舖，弄得一毛不剩。最後因為陣痛前往醫院時身無分文，最終由記者拿出身上所有的錢，成就了這個可笑的故事。

◆◆ **反覆**

反覆是喜劇中不可或缺的元素。由於主角的執念而導致的反覆和失敗，會讓觀者內心的緊張像俄羅斯方塊一樣愈疊愈高，等堆疊的方塊傾倒時，笑聲立刻爆發。馬康多陷入失眠之苦時，荷西・阿爾卡迪歐・波恩地亞用貼在各處的小紙條記錄了兒子奧雷里亞諾・波恩地亞上校開發的增強記憶法。雖然所謂的增強記憶法不過是隨便用墨水寫下各種事物，如牛、豬、雞、手錶等，但這種可笑的行為變成集體瘋狂的過程令人印象十分深刻。每一個人同時患有同樣的失眠和失憶症讓人發笑，波恩地亞上校強迫症般的行為則像喜劇中的一場戲，以人物的強迫和執著為基礎的幽默貫穿了整本《百年孤寂》。荷西・阿爾卡迪歐・波恩地亞謀殺普登修・阿奇勒後，他持續做著同一個夢：打開一扇通往無限相連房間的門，另一扇門就會出現。荷西・阿爾卡迪歐・波恩地亞被困在迷宮般的房內，模樣與陷入集體失眠和失憶的馬康多居民非常相似，大家就像反覆記號般重複著相同的日常生活。

◆◆ **誇大**

讓我們來看看奧雷里亞諾二世和佩特拉・柯提斯販售牲口彩券的故事。柯提斯把兔子加入獎品中，但兔子的繁殖速度非常快，他們甚至沒有足夠的時間販售彩券，奧雷里亞諾二世獲得土地和牲口，瞬間成為暴發戶。由於牲口不斷繁殖，速度宛如爆走，財產的增加也超出了他們能控制的範圍。奧雷里亞諾二世表現出對於金錢的瘋狂痴迷，用一披索的紙鈔貼滿房間牆壁，並將錢撒在院子裡。

反覆與誇大結合使用時，幽默感會加倍。但誇大的手法如果被誤用，卻容易讓人反感，是種危險的手法。馬奎斯憑藉著獨特的敘事天賦，輕鬆克服了難以翻越的山。

◆◆ 人物與細節

無論是尿布、針線包還是腳趾上的雞眼，馬奎斯有辦法書寫任何素材。根據他的自傳，他甚至記得自己小時候在尿布上大便的事。他是一個有辦法讓獨臂人買下一雙手套、讓只有一條腿的人買下腳踏車、讓禿子買下電捲棒的作家。那就像看到一個人在眼前憑空消失，你會覺得整件事不可置信，卻又不得不深陷於生動的故事之中。

對馬奎斯來說，文學是最棒的遊樂場，就連自傳也不例外。閃閃發光的幽默、數不清令人難以置信的情節，以及至今從未見過的各種角色。讀著讀著，我的內心一直掙扎著到底該不該相信。跟著驚險遊走於虛構與非虛構之間的故事發展，以及令人眼花撩亂的敘事手法，讀者別無選擇，只能接受「這好像真的發生了」。所以，如果讀了一本描述馬奎斯愉快生活——一種像百憂解般的生活的小說，會很開心，會覺得「大家都是這樣，沒什麼大不了的，喝吧」。馬奎斯跟我知道的小說家，完全是不同世界的人。

儘管馬奎斯吹噓自己的一指神功打字法，拼寫程度和文法錯誤讓人懷疑他是否有資格成為作家，但細節上並沒有任何錯誤。根據自傳，馬奎斯認為自己的樂天主義和小心眼是缺點，可這些個人特質有助於補強小說的細節。他撰寫的細節彷彿有系統、又彷彿沒有系統的交織著，讓人聯想到絢爛的織物工藝，一旦描述「人物」，細節就會展現出來。連足球長什麼樣子都不知道的同學成為足球解說員，踢足球受傷的表弟裹著石膏學保齡球卻成為冠軍，那就像伯樂識出千里馬，找到了原本不知該前往何處的阿根廷知名足球選手梅西。

《百年孤寂》裡有諸多對外國人的滑稽諷刺，尤其是美國人赫伯特先生用光學工具、手術刀、小銅秤，甚至是卡尺詳細分析香蕉，並用蜻蜓網在馬康多走來走去，被描繪成了馬康多典型外部勢力的代表人物。

馬奎斯用過的打字機

一九八二年，馬奎斯在與英國作家格雷安．葛林和德國作家鈞特．葛拉斯的競爭中，最終榮獲諾貝爾文學獎。諾貝爾基金會解釋，因為他與弱者並肩，強烈抵制西方對拉丁美洲的經濟剝削和國內的壓迫。馬奎斯身著加勒比地區的禮服站上了講台，透過得獎感言大聲宣揚拉丁美洲的孤獨。

不控制角色命運的第三人稱作家

我非常熱愛第一人稱小說。相較於杜斯妥也夫斯基人物眾多的史詩小說，我更喜歡相比之下較少被評論的《地下室手記》，這部作品生動描寫了作者的內心剖析，讀起來就像一本生動的日記，引導讀者沉浸於第一人稱作者寫的小說的熱情之中。

出於相反的原因，我不太喜歡許多人物交織、圍繞事件和情節而展開的第三人稱小說。除非是為了黑色喜劇的「拉開距離」而刻意寫成，否則我認為，使用第三人稱很容易拉開與讀者的距離。當然，如果是卡夫卡小說中的「K」，採用第三人稱全知作家的視角，這種接近於自白的小說就是例外。總之，寫完第三人稱小說的我不得不長時間忍受宛如喝冷茶般的苦澀，那感覺就像有人代筆，主角並不完全屬於我。

第一次讀馬奎斯的小說時，我不由得產生了抗拒感，但應該要從第三人稱全知作者的角度來看他的小說，因為唯有如此才能更加自信地駕馭關係連詞或段落等方法，用於連接冗長的文體。馬奎斯在自己的世界中是絕對的王，必須掌握有可能發生於過去與未來的事情，並一字一句寫下來才能得到滿足，沒有比第三人稱全知作家的觀點更適合他的了。

奇怪的是，儘管偏好第一人稱，但我還是喜歡馬奎斯。經過長時間研究後，我得到的結論是，一定是因為馬奎斯是個有效變用人稱的鬼才。即使從第三人稱全知作者的角度來看，他賦予各個角色自主權而非控制他們，讓人稱的效果充分符合觀看視角。固然也有像《枯枝敗葉》這樣，從大人到小孩的三個人物都以第一人稱出發的作品，但從那之後，幾乎一直維持第三人稱全知作家的觀點。在第三人稱視角的《百年孤寂》裡，蕾貝卡就是蕾貝卡，蕾梅蒂絲就是蕾梅蒂絲。換句話說，我覺得作者並沒有掌控人物的命運，而是人物自己決定了自己的命運。

根據我寫作時多次被自己塑造的人物推到邊緣的經驗來說，我認為作家永遠無法戰勝自己塑造的人物，這點並不會因為是第三人稱小說而有所改變。作家相信，每個人最初都創造了一個不會倒塌、設計完美且堅固的世界。然而，這個世界變得愈來愈不公平，不受控制得逐漸走向混亂，藝術家也只能作壁上觀。所以才說養小孩很困難嗎？

進行催眠的文體

我試著將這世界上的文體分為床的文體、搖椅的文體、吊床的文體。首先，床的文體牢牢地固定在地面上，因此看起來彬彬有禮、真誠，但根據需求會衝動而劇烈地移動。想像一下，像尼可斯．卡山札基（Nikos Kazantzakis）小說中的左巴那樣衝動、狂野的人物醉醺醺跳上床時會說些什麼？這部小說平時和敘述者一樣平靜又抽象，但在左巴解開皮帶、撲向床上那一刻，這本以意識形態流動的小說發生了急遽的變化。這個變化劇烈又衝動，同時又平穩又柔和，引發出了對看不見的部分的想像。

> 左巴開始覺醒，他狼吞虎嚥吃完雞肉後，嚥著口水、虎視眈眈的看著霍騰斯夫人。他用目光開始舔舐霍騰斯夫人，從上往下打量，眼睛像生出觸角般，滑進了霍騰斯夫人隆起的乳房中，而貴婦人的細小眼睛也開始閃爍起來。
>
> ——尼可斯．卡山札基，摘自《希臘左巴》（*Zorba the Greek*）

這種文體的目的只有一個原因，為了讓你產生淫慾。

第二種搖椅的文體，是在一定的規律內交替著靜止與搖動的文體，反覆表現出靜與動的意識狀態，在沉思（靜止）和激情（搖動）之間來回穿梭。如果這是描繪一個帶有強迫症、半睡半醒男人的作品呢？這樣的沉思和激情就像秒針或鋼琴上的節拍器一樣不停反覆，透過意識而導致精神混亂。由於速度感、逗號和上下文之間的前後不一，是一種富含焦慮的文體。

> 你的房間裡很熱，你有六隻襪子，就軟綿綿的鯊魚一樣，像沉睡的鯨魚一樣，放在一個粉紅色的塑膠水盆裡。你的鬧鐘沒有在該起床的時間響起，不會咬你，不會響起的那個鬧鐘。在你的躺椅上，你的旁邊，放上一本打開的書。你伸了個懶腰，伸直身體躺下。一切都很沉悶、嗡嗡作響、昏昏欲睡。你讓自己滑落且毫無作為。你睡著了。
>
> ——喬治．培瑞克（Georges Perec），摘自《沉睡的人》（*Un homme qui dort*）

如果不是，有那麼多逗號，我可能，會錯過那個敘述者的，文體和狀態，非常不安，就像水中的震動，不、停、止的一直擺動，這件事。

第三種吊床的文體是一種流動的文體，看似靜止，實際上卻不斷輕輕地晃動，非常適合用於表達喧鬧的騷動。

想像一下，在潮溼、吹著熱風的加勒比海邊村莊裡，躺在晃動的吊床上，腿上放著一本想讀的書，看著慢慢落下的夕陽，是一件多麼幸福的事。在炎熱的地區，吊床是上

懸掛在阿拉卡塔卡某家旅館的吊床

如果把世界上的文體分為床的文體、搖椅的文體、吊床的文體，那馬奎斯的文體就屬於吊床的文體，是一種飄浮在空中、不斷流動的文體，適合表達在現實與幻想之間欣喜若狂地翱翔的浪漫。吊床文體非常適合用來催眠讀者，拉丁美洲作家表現這類文體的特性尤其傑出。

帝恩賜的禮物。最初發明吊床是為了防止因為潮溼地面造成痛風和細菌感染。對於一起住在阿拉卡塔卡和卡塔赫納的馬奎斯一家十幾個人而言，吊床是床的替代品，也是必備用品。

吊床是為了一邊做白日夢一邊偷懶而設計的，就是叫你不要腳踏實地的意思。簡單來說就是成人的搖籃。馬奎斯從小就討厭無所事事的在吊床上午睡，都睡在一個叫做「聖靈室」的房間，長大後才睡在吊床上。

事實上，任何睡過吊床的人都知道，最不舒服的不是躺在掛在兩棵樹中間的一塊布上。吊床並不緊密，看起來像是隨便編織而成，沒辦法翻身，也不能把頭靠在任何地方睡去。沒有支撐腰部的地方，很難知道頭該往哪個方向睡，只能把頭轉向腳臭味較淡的那一側。最重要的是，吊床讓人同時感受到背離地面的焦慮和飄浮的輕鬆。飄浮在空中的吊床，就像美人蕾梅蒂絲升天一樣，讓你體驗穿梭於現實與幻想之間的浪漫。升天是一種飛行的體驗。換句話說，吊床讓我們在伊卡洛斯之後，間接體驗長久以來人類不斷挑戰的夢想。

例如，讓我們想想在與費米娜的戀情失敗後，阿里薩像捕蠅草或同一類的食蟲植物般尋找獵物。他只滿足於五十歲的奧仙西亞・桑坦德、比他年長二十歲的母獅蕾歐娜・

卡西亞尼、只有將假乳頭含在口中才會引起興奮的奇怪女人莎拉・諾列加，以及被殘暴的丈夫割喉殺害的奧琳琵亞・蘇雷塔。對他來說，不管是床、椅子還是手推車，都會毫不保留的愛上。他的愛就像一張吊床，只要掛上了就會展開。

如果床的文體是為了淫慾，搖椅文體是為了焦慮，那麼吊床文體是為了什麼呢？是為了催眠。

寫小說是一種催眠，我催眠了讀者。……你需要很多釘子、螺絲起子和鉸鏈。……防止讀者從夢中醒來。我覺得寫作就像木工。……如果沒有木工作業的過程，就無法講述故事或將虛擬的小說現實化。……為了誘惑讀者，必須掌握他們呼吸的節奏，不能讓他們受到干擾，也不能讓他們醒來。……為了不打亂節奏，我加入了一、兩個形容詞。正是這樣的木工作業，得以防止讀者從夢中醒來。

——伊芙・比倫等，取自紀錄片《加布列・賈西亞・馬奎斯》

服從於寫作

我害怕再次閱讀我的書。然而，這是作者的義務。……我按照寫作順序重新閱讀了我的書。我喜歡那些書，但我將來會寫一本完全不同的書。我會書寫我的記憶，再次學習寫作。

——伊芙．比倫等，取自紀錄片《加布列．賈西亞．馬奎斯》

對馬奎斯來說，寫作是一種生存的努力，也是另一種屈服的方式。什麼是服從？服從之人是絕對單戀的主體，也是主僕關係的隨從。奴隸知道自己不能成為主人，但他會獻出自己的一切來得到主人的愛。然而，主人就像那遙不可及的北極星，奴隸則為了那一瞬間的光芒努力著。經過不斷的努力，你我到了某個時刻團結起來，迎來奴隸超越主人的時刻。或許對普通人來說，這是必須透過夢才能接觸到的事。馬奎斯說：「不要驚醒這個夢，而是記住這個夢。」

馬奎斯毋寧更像是遊樂園的旋轉木馬，有時會喝得醉醺醺的，而不是一個分享日常煩惱，試圖引發共鳴的朋友。他騎著旋轉木馬，就能說服你他真的騎過獨角獸。我因為他那毫無邊界的想像力、催眠般的敘事，以及任何人都想挽著他的手拍照的魅力而非常愛他，他偏偏在二〇一四年舉國艱難時離開這個世界，雖然在韓國沒有成為很大的話題，但我永遠緬懷他。每次去到國外的書店，我都會尋找他被翻譯為多種語言的作品，當我發現他的照片與他崇拜的海明威、福克納和卡繆並列時，就像見到自己已故的外公一樣高興。我悄悄把馬奎斯爺爺的書放在他們的書上面。

不，我的記憶被竄改了。馬奎斯是我的文學外祖父，他現在一定是一塊沸騰的冰塊，被保存在地球某一處。我被永遠無法醒過來的催眠術催眠了，為了不被喚醒，為了成為世界上最美麗的屍體，必須努力奮鬥。有一天睜開眼睛時，我會尋找自己的馬康多，發現自己終生迷失於海上，在陸地和望遠鏡之間來回觀看，向海鷗問路，然後突然發現自己已經抵達了加勒比海。在那裡，我將從甲板下來，指向地平線，用二十八種語言說話。「你看這裡，風吹得猖狂起來就像睡在吊床上。我叫你看看這裡，黃花被加勒比海被陽光照耀著，看不出來朝著哪個方向。是的，那就是馬康多。」[1]

---

1 改編自馬奎斯短篇小說《世上最美的溺水者》最後一段。

對贖罪的渴望

有人結束自己的生命時，我們會透過心理剖繪尋找確切死因。透過獅子留下的腳印找到確切的原因不只是偵探或屍檢法醫的責任。我要像赫伯特先生一樣，用放大鏡仔細檢視馬康多，對馬奎斯的作品和人生做一次心理剖繪。這是挖掘作家潛意識的工作。

我用希臘神話做為放大鏡，尋找馬奎斯在作品中留下的暗示。馬奎斯從小就著迷希臘神話，刻意將監禁、亂倫、贖罪、自殺等神話情節置入作品內，所以閱讀他的作品時，我們可以把具有神話既視感的章節設定為多條線索，並在閱讀中把這些線索一條條堆疊起來，感受其快感。馬奎斯的作品並非單純的華麗文字遊戲，予人的感覺是雄偉的藝術作品，因為觸及神話中隱藏的一般人類心理，是人類精神的原型和對轉型的慾望。

作家們透過自己的作品反覆譴責、定罪和贖罪。有時會把欺負自己的人的名字當成作品中壞人的名字；有時透過作品自白自己犯下的錯誤；有時透過作品詢問自己經歷挫折和試煉的原因。馬奎斯代替他犯下謀殺罪的外公，懷著為死者和死者家屬贖罪的心，創造出普登修·阿奇勒。謀殺普登修·阿奇勒的荷西·阿爾卡迪歐·波恩地亞和他兒子奧雷里亞諾·波恩地亞上校為了贖罪，孤獨地在栗樹下死去。即便如此，馬奎斯一定是想為祖先的罪孽付出代價，逃離悲慘命運的鎖鏈。

贖罪在希臘神話並不少見。回想一下，馬奎斯在希臘神話中最喜歡的人物是救贖的象徵安蒂岡妮。相較於喜劇人物，喜劇大師更喜歡悲劇人物，喜歡的還不是伊底帕斯，而是安蒂岡妮？出人意料。

根據神諭，安蒂岡妮（Antigone）是伊底帕斯的女兒，伊底帕斯殺死了先王萊瑤斯，並與他的母親柔卡絲塔同寢。從名字中的「反」（anti）字就可以看出，安蒂岡妮代表的是「反抗者」或「引路人」。安蒂岡妮反抗的是底比斯國王克瑞翁和她舅舅的命令，當她的兩個哥哥波呂尼刻斯和艾特歐克里斯在爭奪王位時被殺，克瑞翁為艾特歐克里斯舉行了葬禮，並命令不准動侵略底比斯的波呂尼刻斯的屍體。安蒂岡妮帶回哥哥波呂尼刻斯的屍體，想為他舉辦喪禮時被發現。當她在獄中自殺時，她的妹妹伊斯墨涅、她的情人（也是克瑞翁的兒子）西緬，以及克瑞翁的妻子歐利蒂絲接連結束了自己的生命。

從這一點可以看出，《百年孤寂》中出現的素材和主題，與安蒂岡妮和伊底帕斯的悲劇有諸多重疊。柔卡絲塔讓人聯想到和外甥亂倫，生下了長著豬尾巴的孩子後死去的阿瑪蘭塔·烏蘇拉；西緬讓人聯想到皮耶特·克雷斯畢向阿瑪蘭塔求婚失敗後自殺；因為預言伊底帕斯的弑父行為而被流放的特伊西亞斯，則讓人聯想到尋得永生之祕後孤獨死去的先知梅賈德斯。

安蒂岡妮和伊底帕斯的神話，在馬奎斯處女作《百年孤寂》的原型《枯枝敗葉》中成為更明確的象徵。馬康多唯一的醫生有一天自殺了。就像伊底帕斯的雙腳因為曾被父親釘住而腫脹，這位醫生是個跛腳，也是上校的朋友。上校向救了自己一命的醫生許諾，如果他先死，自己會幫他舉行葬禮。

然而，村裡的祭司就像克瑞翁一樣，告訴村民們不要埋葬醫生，因為當馬康多被外部勢力入侵時，他沒有幫忙救治傷員。但當上校、他的女兒伊莎貝爾和她年幼的兒子決定帶醫生去墓地並離開時，小說就結束了。

那些人違背掌握馬康多權勢的祭司時的身影，不顧眾人目光為失明父親引路的人，都重現了埋葬哥哥、為家人犧牲自己的安蒂岡妮的樣貌。雖然安蒂岡妮是亂倫的結果和受害者，但她為家人贖罪，為他們的業障付出代價。比起希臘神話中為了平息神的憤怒而獻祭己身的安朵美達和伊菲革涅亞等女性，安蒂岡妮更加獨立和堅強。她是冒著生命想反抗強大國王、有良心、帶有愛的本質的英雄。就同於《枯枝敗葉》三位主角試圖透過為醫生收屍的贖罪行為，洗刷馬康多普遍存在的恐懼和仇恨，努力讓馬康多回到香蕉熱潮之前的時代。

安蒂岡妮為波呂尼刻斯收屍

安蒂岡妮因埋葬在爭奪王位中戰死的哥哥波呂尼刻斯，與底比斯國王克瑞翁對立、被判處死刑，最終在獄中自我了斷。安蒂岡妮的贖罪之死與《百年孤寂》長時間被綁在栗樹下，最後孤獨死去的荷西・阿爾卡迪歐・波恩地亞和奧雷里亞諾・波恩地亞上校重疊，馬奎斯透過這些內容，展示想為祖先犯下的罪孽贖罪的渴望。這幅畫是希臘畫家尼奇佛羅斯・李特拉斯（Lytras Nikiforos）一八六五年創作的作品。

對於變身的渴求

該歸咎於馬奎斯小時候讀卡夫卡《變形記》帶來的衝擊嗎？還是該歸咎於他貪戀經常出現變身內容的神話？《百年孤寂》有各式各樣的變身故事，有臨死前以嬰兒型態乾癟的烏蘇拉、像蝦子一樣蜷縮的蕾貝卡，還有返回年輕貌美的費蘭妲，以及家族的最後下場是從尾巴開始變成豬。

最讓我著迷的變身是美人蕾梅蒂絲的升天。《百年孤寂》中有很多謎團，但像她的最後變身那樣有趣的謎團卻很少見。為什麼她會突然升天、化為空氣？馬奎斯無意中想透過美人蕾梅蒂絲表達什麼？為什麼她的生命不像一般人簡單地結束，難道是基於將人類變身的野心，反而以一種滑稽的方式處理嗎？

巧合的是，被阿瑪蘭塔毒死的蕾梅蒂絲和美人蕾梅蒂絲同名。蕾梅蒂絲不小心喝下了本該由蕾貝卡喝的毒咖啡而死去。然後，聖塔蘇菲亞生下了美人蕾梅蒂絲。和受過良好教育、個性如聖人般善良的母親不同，美人蕾梅蒂絲雖然有一張漂亮臉蛋，卻幾乎是個白痴，只靠本能活著，迷倒了許多男人。曾經試圖毒殺蕾貝卡的阿瑪蘭塔嫉妒她，若阿瑪蘭塔壓抑自己的仇恨，沒有把美人蕾梅蒂絲趕出裁縫間的話，她的命運或許會有所不同。

當馬康多村民視美人蕾梅蒂絲為愚笨之人，只有一個人持不同的觀點，那就是奧雷里亞諾・波恩地亞上校。雖然他覺得美人蕾梅蒂絲擁有不凡的能力，卻無法確切得知她的能力是讓阿波羅都望塵莫及的強大破壞力。

與她的名字「Remedios」（remedy 即補救措施）的詞源相反，美人蕾梅蒂絲無意間在馬康多播下了傷害和破壞的種子。她用自己的香氣和美麗殺死了許多男人。在她被選為狂歡節女王那一天，馬康多發生了一場屠殺，在那場狂亂的漩渦中，她的弟弟奧雷里亞諾二世遇見了外國王后費蘭妲・卡爾皮歐，他們生出了使整個家族毀滅的阿瑪蘭塔・烏蘇拉。不幸以美人蕾梅蒂絲為中心，宛如蝴蝶效應般在馬康多蔓延，但她斷去了亂倫的鎖鏈，升天而去。

重要的是美人蕾梅蒂絲出現和升天的時機。她以聖女之身誕生在馬康多中期，然後在馬康多最後一次綻放煙火、迎來最後一次繁盛期之前，像耶穌一樣升天而去，在那些沉浸於權力、物慾、情慾中的男人一一離開馬康多後離世。馬康多陷入香蕉熱潮，奧雷里亞諾・波恩地亞上校率領的男人們前往文明世界時，她是唯一一個未被香蕉熱潮和亂倫動搖的人。聖塔蘇菲亞和烏蘇拉與波恩地亞家的瘋狂反其道而行、學習到了節制，託她們的福，美人蕾梅蒂絲直到過世前都過著禁慾般的生活。那時，馬康多村民不得不停止他們的瘋狂，卻重複犯了祖先被金錢和色慾蒙蔽雙眼的錯誤。

而且，美人蕾梅蒂絲升天的時間是下午四點，一個讓人意想不到的時間。如果在這個時間起床，對於開始一天來說太晚，但要結束一天又嫌太早，這是一天中最忙碌的時間。然而，這個時間適合進行奇怪的興趣或悠閒地等待某人，所以蕾貝卡在下午四點一邊刺繡、一邊等待她的戀人皮耶特·克雷斯畢到來，奧雷里亞諾·波恩地亞上校則走到露台上等待送葬隊伍經過。想一想，下午四點可能是心情最好，最適合人們突然一飛衝天的時間。

雖然是馬康多最令人不解的事件之一，但美人蕾梅蒂絲的升天並沒有受到作家或其他角色的美化或詆毀。就像下了四年十一個月又兩天的大雨讓魚兒浮在空中一樣，只是發生在馬康多的眾多神奇事件之一。況且自從美人蕾梅蒂絲消失以後，別說毀滅了，馬康多似乎更加繁盛。然而，在繁盛之後，突然降臨的變故造成了更大的落差，讓馬康多村民心痛不已。

說不定美人蕾梅蒂絲是個白痴天才，能夠預言連梅賈德斯都不知道的事，終結連奧雷里亞諾·波恩地亞上校都無法結束的戰爭，還有獲得連最進步的女人阿瑪蘭塔·烏蘇拉也無法獲得的愛情。她是能夠推翻神諭的人，所以也是最後一個能夠治癒馬康多不幸的人。

我喜歡馬奎斯的原因

回到波哥大時正在下雨，寒冷又沉悶。一九四三年下午四點馬奎斯獨自抵達波哥大的薩瓦納火車站（Estación de la Sabana）時，這座灰暗的城市大雨傾盆。在又冷又下著雨的城市裡，我感受到孤獨和鄉愁。

準備搭乘三十六小時的航班返回首爾時，我終於丟掉了那件不知為何一直沒丟掉的冬季厚外套。現在的我領悟到只要一離開哥倫比亞，一切都將永遠消失。我再也看不到睡在吊床上的人、搖搖晃晃的驢子、在骯髒的馬格達萊納河裡洗澡的人、攀爬和搖晃芒果樹的男孩，以及嘶嘶爬上河岸的巨大鬣蜥。我知道沒有人會相信我親眼看過馬康多，但那些強烈得足以引起嘔吐和頭痛的幻象讓我暗自竊喜，因為即便無法證明，我也是唯一一個知道海市蜃樓存在於這世界某處的人。

此時此刻，我再一次問自己，為什麼是馬奎斯？用一個問題回答另一個問題。代表二十世紀後期的眾多作家中，哪位作家只透過一本小說就打造出龐大的世界觀？當作家們像競賽般進行各種文學實驗，只為了知名書評家能為自己寫上一句話，誰獨自抓住了瀕臨死亡的小說的衣領？是誰填補了與韓國相反、地球另一端的陌生異國他鄉的幻想？有時候我們會瘋狂地喜歡一個人卻永遠不知道原因為何，也許毫無原因的喜歡就是真愛吧。我無法用一句話回答問題，所以常常像寫資產負債表一樣列表：

- 他是一位老奸巨猾的作家。口才突出，沒有人能夠追上他的本領。就算原本想談論的是愛情，話題也會不知不覺轉向阿里薩讀書狂時節的故事，就像奶奶講以前的故事給孫子聽一樣。
- 以一瀉千里的口才，講述一個天衣無縫的故事。
- 他的故事就是一連串事件的接續，就像看了數百萬部電影的預告片一樣，他似乎在自言自語地說「我剛剛說了什麼啊？」
- 他是一個讓人不想知道結局的作家，讓我只想永遠留在他的故事裡。
- 他不會讓你有讀完美主義者或強迫症患者的文章時那樣的疲倦感，他為每一個文句都賦予幸福。

- 他很坦率，過分坦率。
- 他寫作的每一個瞬間都像一場慶典。這個故事就像陽光照進了我憂鬱的生活，馬奎斯治療了我的憂鬱症和煩躁。當我充滿憤怒時，他在我旁邊輕輕地拍拍我，並慢慢說著參雜了幽默的故事。
- 他是真正的煉金術士。死灰如同金粉般從他的指尖揮灑而出。
- 他的作品就像洛可可時代的諷刺畫。
- 不會讓讀者獨自一人被一種感情牽著鼻子走。
- 讀者通常瘋狂地在字裡行間徘徊，尋找作家留下的偉大台詞。大多數作家假裝流露於字裡行間，實際上卻用一團雪球的方式，故意將格言丟入自己的作品，但馬奎斯不會故意寫出格言，而是透過他的生活態度和行動表現出來。所以他的句子不能一一移動，因為那不是一草一木，而是一座巨大的山。
- 馬奎斯是個浪漫主義者，浪漫為平淡的敘事增添了時間，並為故事加倍增添了立體感。然而若仔細觀察會發現，只不過是為「禁忌之愛」這個共同主題增添了內容，對我來說卻非常陌生。儘管如此，《愛在瘟疫蔓延時》依舊可愛又惹人憐愛。所有的小說沒有都很偉大的必要，不必每次都具描述性，也不必被賦予意義。這不就是所謂的「魅力」嗎？

• 他和塞萬提斯很像，但又很不同，他們都戴著同樣名為幽默的裝飾品，穿著同樣名為妄想的衣服。然而，塞萬提斯透過個人的妄想呈現了一場獨角戲，馬奎斯則透過實現集體的妄想說服了世界。這種妄想具備群體性，但並未以某一大陸的迷信結束，而是擴張為普世的夢想。這不是一個人的誇張妄想，那些鄙視迷信和符咒、受過理性教育的西方知識分子也被折服的過程十分驚人。

馬奎斯獲得諾貝爾文學獎

畫有馬奎斯肖像的馬康多飯店

正如自傳《活著是為了說故事》的書名，馬奎斯是一位為寫作而活，而不是為活而寫作的作家。服從寫作的生活，與尋找只屬於自己的馬康多的旅程，沒有什麼不同。

EPILOGUE

永別了，馬奎斯！

陷入了馬奎斯的魔法

二〇一五年，出版社邀請我寫這本旅行散文時，我第一個想到的作家不是馬奎斯。對我來說，還有赫曼・赫塞、安部公房、太宰治、尚・惹內（Jean Genet）、卡爾維諾、喬治・培瑞克、喬賽・薩拉馬戈（José Saramago）等不相上下的候補作家。選定馬奎斯之前，我得遊歷無數文學、音樂和藝術作品。在我的標準裡，「好作家」就是在讀一本書的時候，才讀到一半就覺得「讓人忍不住想提筆寫作的作家」。這類作家的作品看起來寫得非常輕鬆，讓我不得不想「寫作有這麼容易嗎？」，但他們展現了我從未見過的風景，就像仲夏夜漢江上綻放的煙火，讀者只能束手無策地看著那非凡的風景。馬奎斯就是這樣一位作家。

透過他，我愛上了拉丁美洲文學，了解到哥倫比亞不僅僅是咖啡和毒品的國度。我對拉丁美洲產生的熱愛，讓我願意在這片大陸上旅行六個多月，也開始了解出生於這塊土地的每一位作家都是一整片大陸。當我從所有喜歡的作家中選擇了馬奎斯，我相信自己往後所做的每一個選擇都是正確的。

第一次閱讀《百年孤寂》時，重複的人名和故事結構讓我的頭很暈；下定決心寫這本旅行散文時，我也埋怨過說了要出版《活著是為了說故事》第二集和第三集卻離開世間的大作家。我抱著代替未完成的《活著是為了說故事》開始撰寫本書，單純無法用文字填滿的部分，我用兩次的獨自旅行加以填補。

我第一次造訪哥倫比亞是二〇〇八年五月，整段旅程穿越了聖瑪爾塔、卡塔赫納、波哥大、聖奧古斯丁（San Agustín）和波帕揚（Popayán）。論自然景觀，智利、阿根廷、委內瑞拉更勝一籌；論遺跡，秘魯、玻利維亞和墨西哥更能感受拉丁美洲的深度。過了十年的現在，哥倫比亞在卓越層面並沒有留下太多，我單純只是為了馬奎斯才來。

我放下手上所有事物，二〇一八年六月再次前往哥倫比亞時，想感受一下十年間的變化。一抵達波哥大就和我預想的有很大差距。我從波哥大出發，一個月內去了包括麥德林、卡塔赫納、蒙波斯、巴蘭基亞、阿拉卡塔卡、聖瑪爾塔、里奧阿查和聖安德烈斯島等九個城市，體驗了馬奎斯的童年和青少年時期，並中了他只用幾句話就能讓人喜悅的魔法。

改變與不變的事物

旅程結束後，我的身體出現了一些問題。旅行回國一個月後，原因不明的過敏症狀讓我全身發癢，這不單純是因為從夏天過渡到秋天的季節變化造成，而是彷彿變成了會蛻皮的變溫動物。從頭頂一直癢到腳趾頭，真的快被癢死了。日日不止歇的搔癢讓人覺得生不如死，困擾了我整整一個月，直到初冬才從痛苦中解脫。那不只是換季造成的過敏，感覺更像是逃離日常後返回日常的過程中所出現的不適。

旅行不是只有代表所處地軸的改變，我的確變了，但不是同時改變。我覺得自己一部分的靈魂還留在哥倫比亞，那部分的靈魂正在哥倫比亞某個角落徘徊，感覺就像拜訪外公的家鄉。在二〇一八年非常炎熱和辛苦的赤道夏季。

撰寫關於馬奎斯的事就像愚公移山，是把一座山從這側搬到另一側。最終，我透過《百年孤寂》了解了他其他作品。雖然我很確定一定有很多作家都致力於寫出完全不同的作品，但馬奎斯的一生卻為了寫出《百年孤寂》或比那個更上一層樓的馬康多，毫無休止地反覆寫著無題一、無題二、無題三，宛如不停修正的改寫作家，所以經常會看到這部作品中的人物反覆出現在別的作品中。於是，我只好把《百年孤寂》當作教材，把《活著是為了說故事》當作答案本，把傑拉德．馬汀花費十七年撰寫的官方傳記《馬奎斯的一生》當成備考書。本書大部分內容都仰賴於這三本書，遺憾的是，因為編輯原因無法直接引用。

我在某個瞬間意識到閱讀《百年孤寂》最好的方式就是反覆，開始用各種不同的方式讀它。我從蕾貝卡死去的後半部分開始讀，然後繞回來。經歷了搞混誰是誰的孫子、兒子或姑姑的過程後，波恩地亞家族跨越六代的複雜族譜在某個瞬間開始被我掌握，就連「大象」卡蜜拉與奧雷里亞諾二世進行大胃王比賽時，每個人吃了五十顆柳橙、喝了八公升咖啡這種不重要的事都瞭若指掌。

十五年前讀《百年孤寂》時的筆記只有十五頁A4的分量，現在已經有九十三頁，《活著是為了說故事》從二十三頁增加到六十二頁。影印或轉換文本等方法簡單方便，但我不知不覺都用鍵盤打了下來，還無意識地模仿馬奎斯的風格寫了近五百頁小說。凡事容易厭倦、善變的我，卻因為《百年孤寂》最原始的趣味，過去三年內一次都未曾失去興趣，只為了他一人閱讀和寫作。事實上，大部分花費在這本書上的時間都是閱讀、蒐集資料、默背，以及為外接硬碟故障而失去的數據懊惱和哀悼，實際旅行和執筆的時間加起來大概只有八個月。但這段時間的確很艱難。

我執著到都覺得，真的有必要到這個地步嗎？非常感謝在我推翻眾多作家的企劃案時耐心等待的 Arte 出版社；感謝宋秉善、吳石均、權美善、趙九浩[1]老師提供了韓國國內難尋的高水準翻譯，填補了我對拉丁美洲的渴望；同時也感謝讓我認知到寫傳記比寫小說困難十七倍的傑拉德·馬汀。現在，伴隨一口長嘆，我將這一切從手中放下。

ADIOS, GABO（永別了，賈伯！）

1 皆為暫譯。

附錄 1

賈西亞・馬奎斯文學關鍵詞

01 加勒比海式幽默

因為獨特的說話方式，因為把加勒比海人特有的浪漫和幽默巧妙融入了賣藥人嫻熟的說話方式，馬奎斯被譽為西語圈的「Mamagallista」、「幽默大師」、「南美的馬克・吐溫」或「二十世紀的塞萬提斯」，他就像個沉醉在自己故事中的人，以樂師的節奏講述著不知道是玩笑還是真實的冗長故事。當他描述魚在房內飛來飛去、碗裡的水突然沸騰成蒸汽蒸發、嬰兒籃自行在房間裡繞了一圈時，我們就成了明知是謊言卻被欺騙的喜劇觀眾。馬奎斯的幽默不是因為明確的笑點和規則才讓人笑出聲來，更像是一場連續下了四年十一個月又兩天的梅雨，讓人們全身溼透，永遠不想逃離這場梅雨。

02魔幻現實主義

魔幻現實主義是指不遵循傳統情節、人物和敘事方式的二十世紀新現實主義。拉丁美洲文學重新詮釋了西方現實主義，催生了第三世界文學，其特點是透過神話和超現實手法，宛如魔法般重新演繹現實，並不直接描述現實，而是以間接和隱喻的方式批判現實。魔幻現實主義最大的特徵是奇幻，但它不像奇幻文學那樣遵循固定的模式，因此常常出現以「沸冰」為象徵的例外情況和結論。代表作家有馬奎斯、米凱・A・布爾加科夫（Mikhail A. Bulgakov）、尤薩、卡爾維諾、魯西迪等。

03馬康多

馬康多是馬奎斯文學作品中的理想村落。原本以原始村莊形式出現的馬康多是最有秩序、最勤勞的地方，沒有人死亡，皆大歡喜。但由於以香蕉公司為代表的西方資本入侵，村落慢慢崩潰了。馬康多村民在奧雷里亞諾・波恩地亞上校的領導下，為了將入侵者趕出村莊，發動了數年戰爭，最終仍以眾多犧牲和損失而空虛告終。當奧雷里亞諾・波恩地亞上校本人遭受戰爭創傷並遁入隱居時，馬康多陷入了永恆的孤獨。

04 孤獨

「孤獨」在《百年孤寂》出現了超過四十八次，是一個代表了馬康多村民、乃至拉丁美洲的詞彙。換句話說，孤獨代表著他人的孤獨。集體失眠是一樁將馬康多這世界上最幸福、最自給自足的村莊徹底推向邊緣的事件，村民們超過五十個小時無法入睡，重複著同樣的話語和行動，集體忘記了自己的過去，變成一張白紙。奧雷里亞諾．波恩地亞上校執迷於製作小小的黃金魚、阿瑪蘭塔痴迷於製作死後穿的壽衣、荷西．阿爾卡迪歐沉迷於閱讀羊皮紙，這些就是馬康多村民為了贏過失眠所帶來的孤獨的唯一方法。

05 巴蘭基亞小組

巴蘭基亞小組是一群讓馬奎斯重新以文學人誕生的文化藝術家集團。從一九五〇年開始約四年內，馬奎斯在西班牙流亡詩人唐．拉蒙．維涅斯的書店遇到了他的文學同僚們。

該小組的早期成員包括赫爾曼．巴爾加斯、阿方索．福恩馬約爾和阿爾瓦羅．薩穆迪歐。託他們的福，馬奎斯比任何一個拉美文學團體更早接觸了福克納、維吉尼亞．吳爾芙、海明威和波赫士的作品，奠定了文學基礎。

06 反覆

《百年孤寂》的故事結構和敘事方式非常獨特，簡單來說就是一個不斷重複的故事。與傳統小說不同，《百年孤寂》變化無常，沒有確切標明時間，只是不停變換類似的名字，從人物的名字也可以輕易發現這點。一篇篇不斷重複的故事就像在小說的結尾準確標上了反覆記號，重新回到開頭出現的羊皮紙的世界。這種螺旋循環結構與永恆輪迴的主題意識互相呼應，有助於增強小說的完整性。

07 等待

馬奎斯的《百年孤寂》、《沒有人寫信給上校》、《愛在瘟疫蔓延時》等作品中的人物都在等待著什麼。《百年孤寂》中，烏蘇拉等待著沒有回來的兒子奧雷里亞諾．波恩地亞上校，馬康多的居民等待著火車，梅妹等待著情人毛里西奧．巴比隆尼亞；《沒有人寫信給上校》的上校無止境地等待退休金；《愛在瘟疫蔓延時》的阿里薩等了費米娜五十一年九個月零四天。在西班牙語中，「esperar」的意思是等待或希望，而等待也是他們希望的原因，活下去的理由。

附錄 2

《百年孤寂》波恩地亞家族譜

《百年孤寂》是一個關於戰爭、死亡、孤獨和恐懼的史詩故事，發生在馬康多的波恩地亞家六代人之間。第一任荷西．阿爾卡迪歐．波恩地亞和烏蘇拉．伊寬南撫養好戰的荷西．阿爾卡迪歐、成為馬康多首領的奧雷里亞諾．波恩地亞上校、邪惡化身阿瑪蘭塔，以及從外界帶來的孤獨象徵的蕾貝卡。第二代以後，後代繼續產下具有相同個性和名字的後代，就像近親繁殖一樣。屢次亂倫的波恩地亞家彷彿在抵禦外界的侵入，卻不幸印證了梅賈德斯寫在羊皮紙上的預言，生下了長著豬尾巴的第六代子孫奧雷里亞諾。

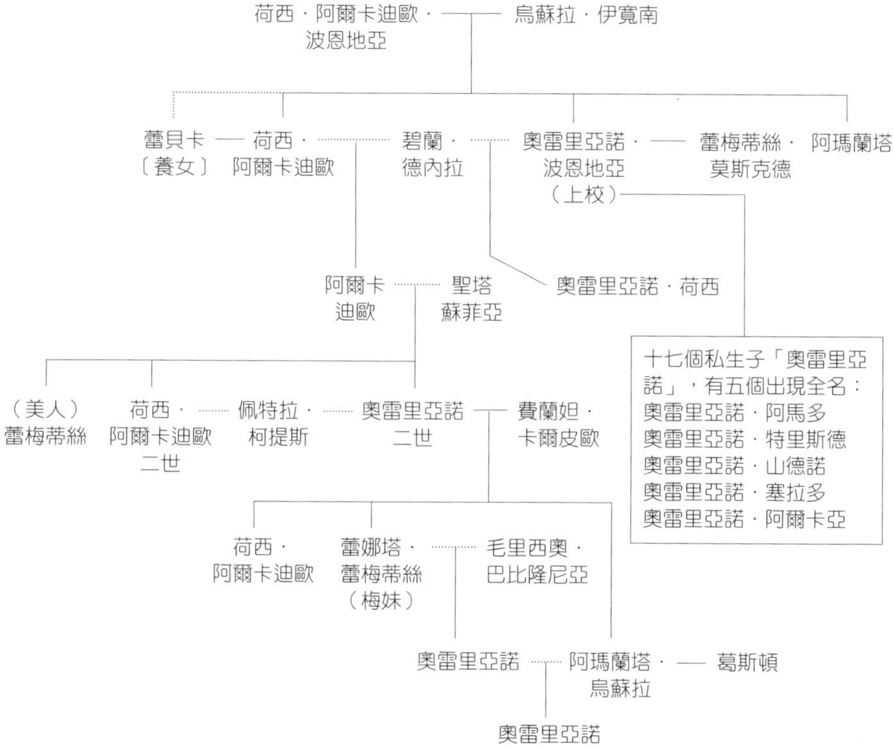
荷西．阿爾卡迪歐．波恩地亞
烏蘇拉．伊寬南
蕾貝卡〔養女〕
荷西．阿爾卡迪歐
碧蘭．德內拉
奧雷里亞諾．波恩地亞（上校）
蕾梅蒂絲．莫斯克德
阿瑪蘭塔
阿爾卡迪歐
聖塔蘇菲亞
奧雷里亞諾．荷西
十七個私生子「奧雷里亞諾」，有五個出現全名：
奧雷里亞諾．阿馬多
奧雷里亞諾．特里斯德
奧雷里亞諾．山德諾
奧雷里亞諾．塞拉多
奧雷里亞諾．阿爾卡亞
（美人）蕾梅蒂絲
荷西．阿爾卡迪歐二世
佩特拉．柯提斯
奧雷里亞諾二世
費蘭妲．卡爾皮歐
荷西．阿爾卡迪歐
蕾娜塔．蕾梅蒂絲（梅妹）
毛里西奧．巴比隆尼亞
奧雷里亞諾
阿瑪蘭塔．烏蘇拉
葛斯頓
奧雷里亞諾

附錄3

賈西亞·馬奎斯家譜

馬奎斯的母親路易莎·聖蒂雅嘉·馬奎斯·伊瓜蘭是尼可拉斯·里卡多·馬奎斯·梅西亞上校和特蘭基利娜·伊瓜蘭·寇特絲的小女兒，他們重生為《百年孤寂》的主角。路易莎遇到了她的丈夫加布列·艾利希歐·賈西亞·馬奎斯，他們育有十五個孩子。其中十一個是親生孩子，其餘四個是丈夫的非婚生子。

這對夫婦經常離開孩子去賺錢，馬奎斯做為他們的長子，不得不代替雙親擔任弟弟妹妹的父母。他與兄弟姊妹的關係融洽，尤其是妹妹瑪格特——後來成為《百年孤寂》蕾貝卡的原型，最小的弟弟艾利希歐對文學的喜好和素養則與馬奎斯最相似，出版了一本研究《百年孤寂》的著作。馬奎斯於一九五八年與家鄉的朋友梅西迪絲結婚，育有兩個兒子羅德瑞戈

（Rodrigo García Barcha）和龔薩雷茲（Gonzalo García Barcha）。這對夫婦在一起生活了五十六年，直到馬奎斯去世。

路易莎·聖蒂雅嘉·馬奎斯·伊瓜蘭
Luisa Santiaga Márquez Iguarán

莉塔·德·卡門
GM
Rita del Carmen
Garcia Marquez

傑米
GM
Jaime
Garcia Marquez

赫南多
GM（南馳）
Hernando
Garcia Marquez
(Nanchi)

阿爾佛羅多
GM（餅乾）
Alfredo Ricardo
Garcia Marquez
(Cuqui)

艾利希歐
GM（義西）
Eligio Gabriel
Garcia Marquez
(Yiyo)

迪米特歐·巴爾恰·貝利亞
Demetrio Barcha Velilla

拉奎爾·帕爾朵·羅貝茲
Raquel Pardo Lopez

愛德華
BP
Eduardo
Barcha Pardo

阿道伏
BP
Adolfo
Barcha Pardo

阿馮索
BP
Alfonso
Barcha Pardo

蘿莎·瑪麗亞
BP
Rosa Maria
Barcha Pardo

米莉安
BP
Miriam
Barcha Pardo

加布列・艾利希歐・賈西亞・馬奎斯
Gabriel Eligio Garcia Martinez

阿貝拉爾多・賈西亞・烏朱塔
Abelardo Garcia Ujueta

卡門・羅紗・賈西亞・埃莫西約
Carmen Rosa Garcia Eermosillo

赫梅因・賈西亞・曼多沙
Germaine Garcia Mendoza (Emy)

安東尼奧・賈西亞・納瓦羅
Antonio Garcia Navarro (Tono)

路易斯・安立奎 GM
Luis Enrique Garcia Marquez

瑪格麗坦 GM（瑪格特）
Margarita Garcia Marquez (Margot)

艾妲・蘿莎 GM
Aida Rosa Garcia Marquez

莉西亞 GM
Ligia Garcia Marquez

古斯塔伏 GM
Gustavo Garcia Marquez

加布列・荷西・賈西亞・馬奎斯（賈伯）
Gabriel José de la Concordia García Márquez (Gabo)

梅西迪絲・巴爾恰・帕爾朵
Mercedes Raquel Barcha Pardo

羅德瑞戈・賈西亞・巴爾恰
Rodrigo García Barcha

龔薩雷茲・賈西亞・巴爾恰
Gonzalo García Barcha

附錄 4

賈西亞・馬奎斯一生的關鍵時刻

一八九九年，爆發千日戰爭

從一八九九年十月十七日到一九〇二年十一月二十一日，哥倫比亞自由黨和保守黨之間爆發了長達一千一百三十天的內戰。自由黨主張反教權主義、自由主義和聯邦制，保守黨主張集體主義和保護主義。戰爭導致了十萬人犧牲，巴拿馬分裂出去成為一個獨立國家。一九〇三年雖然由自由黨掌權，但四十年後的一九四六年保守黨再次上台，持續著兩黨間的對立，最終於一九九〇年畫下終點。馬奎斯的外公尼可拉斯・里卡多・馬奎斯・梅西亞上校支持自由黨，與馬奎斯支持保守黨的父親加布列・艾利希歐・賈西亞・馬奎斯之間的對立，便是兩黨衝突的延伸。馬奎斯根據外公參加千日戰爭的經歷塑造了馬康多村莊的首領、大西洋沿岸地區軍事指揮官奧雷里亞諾・波恩地亞上校這個角色。

一九二七　三月六日，馬奎斯出生於哥倫比亞北部加勒比海的小鎮阿拉卡塔卡。他的父親加布列・艾利希歐・賈西亞・馬奎斯曾是電報員和流浪賣藥人，母親路易莎・聖蒂雅嘉・馬奎斯・伊瓜蘭是一位在修道院長大的典型模範生、優雅的窈窕淑女，以溫柔的魄力主宰著這個家庭。

一九二八年，發生香蕉大屠殺

美國聯合水果公司在謝納加建立的香蕉園因為工作條件惡劣而爆發了罷工，約有四百名憤怒的工人遭到屠殺，並被拋屍於海上。馬奎斯在阿拉卡塔卡的外祖父母家中長大，這件事他從外公那裡聽過不下一千次。在可怕的烈日下，成千上萬生命不明究裡的死去，這些畫面完全主宰了馬奎斯的生活，結果就是《百年孤寂》。

一九三七　曾向小賈伯講述哥倫比亞內戰的外公離開人世。

一九四〇　進入巴蘭基亞耶穌會聖荷西中學（Colegio San José）就讀。

一九四三　獲得獎學金進入波哥大附近的錫帕基拉國立寄宿中學。此時的馬奎斯因閱讀《一千零一夜》、《金銀島》和《基督山恩仇記》等作品感到幸福，並展現了出色的背詩天賦。

一九四七 進入哥倫比亞國立大學法律系。與父親希望他成為律師的期望背道而馳，他閱讀各種小說，以文學青年的身分生活。

一九四八年，波哥大暴動

四月九日，泛美會議（Pan-American Conference）期間，自由黨的激進派領袖豪爾赫·蓋坦在波哥大街頭遭到暗殺，進而導致被稱為波哥大暴動的大規模騷亂，並成為哥倫比亞接下來二十年暴力事件的契機。蓋坦被暗殺那天，馬奎斯在波哥大市中心的動亂中結識了同為二十一歲的卡斯楚，一名法學院學生，也是拉丁美洲正在崛起的革命領袖，從此展開了對古巴真摯的單戀。事實上直到《獨裁者的秋天》在近三十年後的一九七五年出版之後，兩人才慢慢走得愈來愈近。

一九五〇 離開再次重啟宵禁的卡塔赫納前往巴蘭基亞，在那裡生活了約四年。與巴蘭基亞小組的朋友交流時，接觸到福克納、維吉尼亞·吳爾芙、海明威和波赫士的作品，受到福克納很大的影響。

一九五四 在好友阿爾瓦羅·穆蒂斯的推薦下前往波哥大，在自由黨所屬報社《觀察家日報》擔任記者。

一九五五 該報社因發布批評軍方統治的哥倫

比亞政府的文章而受到政府威脅時，派遣馬奎斯做為記者前往日內瓦。隨後他路經羅馬並定居巴黎。

一九五六 因哥倫比亞政府關閉《觀察家日報》而遭遇嚴重的經濟困難，與此同時，寫下《沒有人寫信給上校》。

一九五八 前往巴蘭基亞並與梅西迪絲·巴爾恰結婚。

一九五九年，支持一九五九年古巴革命和卡斯楚

卡斯楚從二十多歲起就以律師和年輕革命領袖的身分在包括古巴在內的拉丁美洲聲名遠播。他與切·格瓦拉和弟弟勞爾·卡斯楚一起組建了武裝革命游擊隊，並於一九五九年一月一日推翻獨裁者富爾亨西奧·巴蒂斯塔（Rubén Fulgencio Batista y Zaldívar）、進入哈瓦那，完成了古巴革命。然而，就如同其他拉丁美洲的領導者，卡斯楚掌權後也走上了典型的獨裁者道路，試圖長期掌權、進行高壓政治。歐洲左派人士和拉丁美洲內部指出，古巴是唯一能替代美國巨大資本主義的方案，此一評價卻出現分歧。古巴革命成功後，馬奎斯立即受邀訪問古巴，並與卡斯楚正式建立友誼。隨後，馬奎斯返回波哥大，擔任古巴國家通訊社拉丁美洲通訊社的記者，視卡斯楚為長期執政但不受權力誘惑的拉美領導人，並絕對支持他。

一九六一 以拉美社特派員被派往紐約，但迫

於美國和古巴的壓力，最終辭職並流亡墨西哥。憑藉《惡時辰》獲得埃索文學獎。

一九六七 五月三十日，《百年孤寂》由南美出版社於布宜諾斯艾利斯出版，獲得空前絕後的成功。馬奎斯於同年十月搬到巴塞隆納，一直住到一九七五年。

一九六八年，發生帕迪拉事件

古巴詩人赫伯托．帕迪拉寫了一篇文章幫忙被卡斯楚政權稱為「革命叛徒」的作家吉列爾莫．因凡特辯護，因此成了卡斯楚的眼中釘。帕迪拉被認為是反革命份子，被雜誌社開除，獲獎作品也被禁止宣傳。這導致部分作家撤回對古巴革命的支持，其中包括曾為馬奎斯密友的門多薩，和以《百年孤寂》為題獲得博士學位的尤薩。他們為了表達對帕迪拉事件的憤怒，寫了一封抗議信，但馬奎斯沒有參與簽署。尤薩指責他是走向獨裁的卡斯楚「宮廷作家」，最終導致了共同為古巴革命出力並奠定魔幻現實主義熱潮的一代瓦解。

一九七五 離開巴塞隆納並定居墨西哥城，出版在巴塞隆納寫的《獨裁者的秋天》。

一九八一 根據一起很久以前發生在蘇克雷的謀殺案出版《預知死亡紀事》。

一九八二年，獲得諾貝爾文學獎

二十世紀六〇年代，以魔幻現實主義為武器的拉美文學以傑出的成就，表現出足以與歐洲文學抗衡的成果。馬奎斯與墨西哥的胡安·魯爾福（Juan Rulfo）、巴拿馬的卡洛斯·富恩特斯和秘魯的尤薩一起被選為熱潮一代。馬奎斯於一九八二年獲得諾貝爾文學獎，知名度超越國界，成為整個拉丁美洲的文學英雄。獲獎感言中，他向世界講述了拉丁美洲值得加工裝飾的現實中孤獨的本質。

一九八五　根據父母的愛情故事出版《愛在瘟疫蔓延時》。

一九九四　出版小說《關於愛與其他的惡魔》。

一九九六　出版報導文學風格的《綁架新聞》，講述哥倫比亞傳奇毒梟艾斯科巴綁架十名記者的故事。

二〇〇二　出版自傳第一部《活著是為了說故事》，全系列預計出版三部。母親路易莎於卡塔赫納去世。

二〇〇四　出版最後一部小說《苦妓回憶錄》。

二〇一四　四月十七日於墨西哥城辭世，享年八十七歲。幾天後，在哥倫比亞和墨西哥總統的見證下舉行葬禮。

附錄 5

加勒比海，賈西亞・馬奎斯的文學起源地

馬奎斯的父母為了維持生計，在加勒比海沿岸不停搬遷，馬奎斯也在阿拉卡塔卡、巴蘭基亞、卡塔赫納等沿岸城市度過人生中的重要時節。加勒比海人與生俱來的樂觀，以及馬奎斯從小從外祖母口中聽來的加勒比海神話和迷信等，成為了造就他文學世界的基底。馬奎斯說過，加勒比海文化無庸置疑是他人生的本質。

❶ 阿拉卡塔卡　哥倫比亞

——幼年居住地

一九二七年，馬奎斯出生於距離加勒比海不遠的小鎮阿拉卡塔卡。直到七歲都與外祖父母住在這裡，從小聽著外祖父不厭其煩地反覆講述悲劇般的內戰故事，以及外祖母傳述的加

勒比海怪誕神話故事長大，對於日後成為魔術般的說書人影響極深。馬奎斯虛構的馬康多同樣是以阿拉卡塔卡為背景而創造的。

❷波哥大　哥倫比亞

——成為文學青年之地

一九四七年，十八歲的馬奎斯進入國立哥倫比亞大學法律系就讀，但與父親希望兒子成為律師的期望相反，他大部分時間都坐在莫利諾咖啡館閱讀各式各樣的文學作品，或與同為加勒比海出身的文友交遊。讀了卡夫卡的《變形記》後，馬奎斯受到極大震撼，進而開始寫作第一篇作品，短篇小說《第三度的斷念》，最後在二十一歲時決定成為作家，從大學退學。

❸巴蘭基亞　哥倫比亞

——遇見巴蘭基亞小組

一九四八年，自由黨領袖遭暗殺，進而引發波哥大暴動，馬奎斯經由卡塔赫納重新回到巴蘭基亞。他在這裡生活了四年，以記者兼文學家的身分正式踏足文壇，與巴蘭基亞小組的緣分尤其為他的文學生涯帶來了深遠影響。託小組的福，馬奎斯得以接觸到威廉·福克納、維吉尼亞·吳爾芙、波赫士等人。

❹卡塔赫納　哥倫比亞

——《愛在瘟疫蔓延時》的背景地

二十幾歲的馬奎斯大部分時間都遊走於卡塔赫納和巴蘭基亞。西班牙自十六世紀起為了建設殖民地所建立的卡塔赫納成了加勒比海沿岸最具象徵性與代表性的城市。馬奎斯因殘酷的現實而對波哥大心灰意冷，遇見卡塔赫納後說道：「這裡有無痛的孤獨和一望無際的大海。」他最愛的小說《愛在瘟疫蔓延時》便是以此地為背景。

❺巴黎 法國

——為躲避政府威脅而流浪之地

一九五四年，馬奎斯返回波哥大，以記者身分為自由黨旗下的《觀察家日報》工作，透過一系列批判軍政府的報導獲得知名度，政府也從此時開始對他展開威脅，因此報社將他以日內瓦特派員的身分送往國外。此後，他落腳巴黎，後來又由於《觀察家日報》廢刊，度過了撿舊報紙、像遊民般睡長椅的生活，宛如「狗屎般的人生」。

❻哈瓦那 古巴

——馬奎斯熱愛的古巴革命的搖籃

卡斯楚帶領的古巴革命成功後的一九五九年，馬奎斯做為古巴國營媒體拉丁美洲通訊社的記者回到了波哥大。翌年於哈瓦那停留六個月的他比任何人都支持卡斯楚的革命，積極展開了社會主義活動。即便許多知識分子因為卡斯楚走上獨裁道路而背棄卡斯楚，馬奎斯依然支持他。

❼巴塞隆納 西班牙

——《百年孤寂》出版後八年間的居住地

一九六七年出版的《百年孤寂》獲得空前

絕後的成功，馬奎斯移居到文學經紀公司的所在地巴塞隆納，於此住了八年。他的公寓成了藝術家、媒體人、革命家等人的聚集地。此時，馬奎斯以拉丁美洲各個獨裁者的形象，執筆實驗性作品《獨裁者的秋天》，作品中沒落的獨裁者形象亦可說是描繪卡斯楚本人。

❽墨西哥城　墨西哥

——第二個故鄉、度過人生最後時光

一九七五年，馬奎斯離開巴塞隆納，定居於墨西哥城，並在此度過了餘生大部分時光，可謂為他的第二個故鄉。一九八二年獲得諾貝爾文學獎、達到文學生涯的最高成就後，他寫下《愛在瘟疫蔓延時》、《苦妓回憶錄》、自傳《活著是為了說故事》等作品。二〇一四年以八十七歲高齡病逝墨西哥城的醫院。

5
巴黎
PARIS
巴塞隆納
7
BARCELONA
ANQUILLA
ACATACA

THE MAP OF GABRIEL GARCÍA MÁRQUEZ
MEXICO CITY
HAVANA
6
哈瓦那
8
墨西哥城
巴蘭基亞
3
阿拉卡塔卡
1
卡塔赫納
4
2
波哥大
CARTAGENA
CENTRO CULTURAL GABRIEL GARCIA MARQUEZ
BOGOTA

名詞對照

人名

G・K・卻斯特頓　Gilbert Keith Chesterton
大衛・勞倫斯　David Herbert Lawrence
尤薩　Jorge Mario Pedro Vargas Llosa
巴勃羅・艾斯科巴　Pablo Emilio Escobar Gaviria
戈麥斯　Juan Vicente Gómez Chacón
卡布雷拉　Manuel José Estrada Cabrera
卡洛斯・卡德隆　Carlos Julio Calderón
卡洛斯・富恩特斯　Carlos Fuentes Macías
卡耶塔諾・貞提爾　Cayetano Gentile Chimento
古斯塔夫・庫爾貝　Gustave Courbet
古斯塔沃　Gustavo Ibarra Merlano
古斯塔沃・皮尼利亞　Gustavo Rojas Pinilla
史蒂文森　Robert Lewis Balfour Stevenson
尼可斯・卡山札基　Nikos Kazantzakis
尼奇佛羅斯・李特拉斯　Lytras Nikiforos
弗朗西斯科・桑托斯　Francisco Santos Calderón
吉列爾莫・卡諾　Guillermo Cano
吉列爾莫・因凡特　Guillermo Cabrera Infante
圭多・法羅　Guido Parro
多明戈・維拉　Domingo Manuel Vega
朱利奧・圖爾拜　Julio César Turbay Ayala
米格爾　Miguel Reyes Palencia
米凱・A・布爾加科夫　Mikhail A. Bulgakov
西蒙・玻利瓦　Simón José Antonio de la Santísima Trinidad Bolívar y Palacios
何塞・華金・奇卡・沙拉斯　José Joaquín Chica Salas
克拉蒙迪・薩巴拉　Clemente Manuel Zabala
希門尼斯將軍　Marcos Evangelista Pérez Jiménez
希娃・瑪莉亞　Sierva María
杜瓦利埃　François Duvalier
妮葛蘿蔓塔　Nigromanta
尚・惹內　Jean Genet
拉瓜夫人　Madame Lacroix
法蘭西斯・德瑞克爵士　Sir Francis Drake
門多薩　Plinio Apuleyo Mendoza
阿方索・福恩馬約爾　Alfonso Fuenmayor
阿雷安德莉娜　María Alejandrina Cervantes
阿爾瓦洛・魯伊斯　Álvaro Ruiz Torres
阿爾瓦羅・穆蒂斯　Alvaro Mutis
阿爾瓦羅・薩穆迪歐　Alvaro Cepeda Samudio
阿爾貝托　Luis Alberto Villamizar Cárdenas
查爾斯・布考斯基　Charles Bukowski
胡安・塞拉　Juan Roa Sierra
胡安・魯爾福　Juan Rulfo

胡莉耶妲　Dona Julieta Chimento
迪亞斯　José de la Cruz Porfirio Díaz Mori
唐・拉蒙・維涅斯　Don Ramón Vinyes
格雷安・葛林　Graham Greene
特魯希略　Rafael Leonidas Trujillo Molina
馬丁內斯　Maximiliano Hernández Martínez
馬汀娜・豐瑟卡　Martina Fonseca
基耶爾莫・妥雷　Guillermo de Torre
康乃爾・伍立奇　Cornell Woolrich
梅達多・帕伽科　Merardo Pacheco
梅爾維爾　Herman Melville
莫拉雷斯　Gerardo Machado y Morales
陶瑞賀士　Omar Torrijos
傑拉德・馬汀　Gerald Martin
凱塞琳・曼斯菲爾德　Katherine Beauchamp Mansfield
勞爾・卡斯楚　Raúl Modesto Castro Ruz
喬治・培瑞克　Georges Perec
喬賽・薩拉馬戈　José Saramago
富爾亨西奧・巴蒂斯塔　Rubén Fulgencio Batista y Zaldívar
湯瑪士・科爾　Thomas Cole
費爾南多・波特羅　Fernando Botero
塔奇雅・金塔娜　Tachia Quintana Rosoff
塞爾吉奧・卡斯楚　Sergio Castro
塞薩爾・巴葉霍　César Augusto del Valle
塞薩爾・加維里亞　César Augusto Gaviria Trujillo

奧古斯圖・皮諾契特　Augusto José Ramón Pinochet Ugarte
奧喬亞三兄弟(么子)　Fabio Ochoa Vásquez
奧喬亞三兄弟(次子)　Jorge Luis Ochoa Vásquez
奧喬亞三兄弟(長子)　Juan David Ochoa Vásquez
奧斯卡・德拉埃斯普里利亞　Oscar de la Espriella
愛德華多・卡蘭薩　Eduardo Carranza
溫貝托・海梅　Humberto Jaimes
賈斯汀・韋伯斯特　Justin Webster
路易斯・加蘭　Luis Carlos Galán Sarmiento
達馬索・羅德里格茲　Dámaso Rodríguez
瑪格麗塔・奇卡・沙拉斯　Margarita Chica Salas
瑪魯哈・潘邱　Maruja Pachón
瑪麗亞・恩卡納西翁　María Encarnación
瑪麗娜　Marina Montoya
碧雅翠絲　Beatriz Villamizar de Guerrero
維克多・曼努埃爾・奇卡・沙拉斯　Víctor Manuel Chica Salas
維爾吉利奧・巴爾加斯　Virgilio Barco Vargas
豪爾赫・蓋坦　Jorge Eliécer Gaitán Ayala
赫伯托・帕迪拉　Heberto Juan Padilla
赫爾曼・巴爾加斯　Germán Vargas
歷杭德羅・奧夫雷貢　Alejandro Obregón
戴安娜・圖爾拜　Diana Turbay
薩爾瓦多・阿葉德　Salvador Guillermo Allende Gossens
羅德里格・博尼利亞　Rodrigo Lara Bonilla
羅薩斯　Juan Manuel de Rosas

地名、機構、組織等

巴勃羅・艾斯科巴博物館　Museum Pablo Escobar
巴蘭基亞　Barranquilla
世界書店　Mundo Bookstore
加拉加斯　Caracas
卡塔赫納　Cartagena
弗洛里安街　Florián Street
瓜希拉省　Guajira
吉門內德各薩達大街　Avenue Jimenez de Quesada
安蒂奧基亞省　Antioquia
自由黨　Partido Liberal Colombiano (PLC)
西蒙波利瓦爾地區　Símon Bolívar
辛塞　Sincé
里奧阿查　Riohacha
拉丁美洲通訊社　Agencia de Noticias Latinoamericana S.A. (Prensa Latina)
波帕揚　Popayán
阿卡迪亞　Arkadia
阿卡普科　Acapulco
阿拉卡塔卡　Aracataca
南美俱樂部出版社　Editorial Sudamericana
查皮納羅　Chapinero
「洞穴」　La Cueva
玻利瓦省　Bolívar
約克納帕塔法郡　Yoknapatawpha
耶穌會聖荷西中學　Colegio San José
哥倫比亞咖啡廳　Colombia Cafe
哥倫比亞國立大學　Universidad Nacional de Columbia
哥倫比亞劇院　Cine Colombia
埃爾西諾　El Chino
泰羅納國家公園　Parque Nacional Natural Tayrona
馬格達萊納河　Río Magdalena
馬格達萊納省　Magdalena
馬雷貢海灘　Malecon
勒洛克城　Monumento Torre del Reloj
「國外引渡者」　Los Extraditables
莫利諾咖啡廳　El Molino
麥德林　Medellín
麥德林集團　Medellin Cartel
勞瑞雷斯　Laureles
博亞卡　Boyacá
新自由黨　Nuevo Liberalismo
聖安德烈斯島　Isla de San Andrés
聖奧古斯丁　San Agustín
聖瑪爾塔　Santa Marta
聖瑪爾塔內華達山脈國家自然公園　Parque nacional natural Sierra Nevada de Santa Marta
瑪碧隆咖啡廳　Café Mavillon
蒙波斯　Santa Cruz de Mompox
蒙波斯河　Brazo de Mompos

錫帕基拉　Zipaquirá
錫帕基拉國立寄宿中學　Liceo Nacional de Zipaquirá
謝納加　Ciénaga
羅馬咖啡廳　Rome Cafe
羅薩妲出版社　Editorial Losada
蘇克雷　Sucre

文獻、作品等

《一個厭倦疲倦的人的烏托邦》　*Utopía de un hombre que está cansado*
《世上最美的溺水者》　*El ahogado más hermoso del mundo*
《永生》　*The Immortal*
《先鋒報》　*El Heraldo*
《共和報》　*La República*
《死神的另一根肋骨》　*La otra costilla de la muerte*
《百年孤寂》　*Cien años de soledad*
《希臘左巴》　*Zorba the Greek*
《我彌留之際》　*As I Lay Dying*
《沉睡的人》　*Un homme qui dort*
《沒有人寫信給上校》　*El coronel no tiene quien le escriba*
《狗屎般的小鎮》　'This Shitty Town'
《枯枝敗葉》　*La hojarasca*
《活著是為了說故事》　*Vivir para contarla*
《苦妓回憶錄》　*Memoria de Mis Putas Tristes*
《時代報》　*El Tiempo*
《納沃，讓天使們等候的黑人》　*Nabo. El negro que hizo esperar a los ángeles*
《純真的埃倫蒂拉和她殘忍的祖母》　*La increíble y triste historia de la cándida Eréndira y de su abuela desalmada*
《馬奎斯：弒神的故事》　*Historia secreta de una novela y García Márquez: historia de un deicidio*
《馬奎斯的一生》　*Gabriel Garcia Marquez: A Life*
《第三度的斷念》　*La tercera resignación*
《船難水手故事》　*The Story of a Shipwrecked Sailor*
《雪地上的血跡》　'The Trail of Your Blood in the Snow'
《博聞強記的富內斯》　*Funes the Memorious*
《惡時辰》　*La mala hora*
《番石榴飄香》　*El olor de la guayaba*
《愛在瘟疫蔓延時》　*El amor en los tiempos del cólera*
《綁架新聞》　*Noticia de un secuestro*
《賈伯：加布列・賈西亞・馬奎斯的創造》　Gabo, The Creation of Gabriel García Márquez
《預知死亡紀事》　*Crónica de una muerte anunciada*
《福爾貝斯太太的快樂夏日》　'Miss Forbes's Summer of Happiness'
《暴食小丑》　폭식광대
《獨裁者的秋天》　*El otoño del patriarca*
《環球報》　*El Universal*
《關於愛與其他的惡魔》　*Del amor y otros demonios*
《觀察家日報》　*El Espectador*

ACROSS 079

在加勒比海遇見馬奎斯：追尋《百年孤寂》與賈西亞．馬奎斯足跡的哥倫比亞深度紀行

作　者—Kwonlee（권리）
譯　者—鄒宜姮
責任編輯—陳詠瑜
行銷企畫—林欣梅
封面設計—FE工作室
內頁設計—張靜怡

編　　輯—胡金倫
董 事 長—趙政岷
出 版 者—時報文化出版企業股份有限公司
一〇八〇一九臺北市和平西路三段二四〇號三樓
發行專線—（〇二）二三〇六—六八四二
讀者服務專線—〇八〇〇—二三一—七〇五
（〇二）二三〇四—七一〇三
讀者服務傳真—（〇二）二三〇四—六八五八
郵撥—一九三四四七二四時報文化出版公司
信箱—一〇八九九臺北華江橋郵局第九十九信箱
時報悅讀網—http://www.readingtimes.com.tw
電子郵件信箱—newstudy@readingtimes.com.tw
時報出版愛讀者粉絲團—https://www.facebook.com/readingtimes.2
法律顧問—理律法律事務所　陳長文律師、李念祖律師
印　　刷—華展印刷有限公司
初版一刷—二〇二四年三月十五日
定　　價—新臺幣四六〇元
（缺頁或破損的書，請寄回更換）

時報文化出版公司成立於一九七五年，
一九九九年股票上櫃公開發行，二〇〇八年脫離中時集團非屬旺中，
以「尊重智慧與創意的文化事業」為信念。

在加勒比海遇見馬奎斯：追尋《百年孤寂》與賈西亞．馬奎斯足跡的哥倫比亞深度紀行／Kwonlee（권리）著；鄒宜姮譯. -- 初版. -- 臺北市：時報文化出版企業股份有限公司, 2024.03
240 面；14.8×21 公分. --（Across；79）
譯自：가르시아 마르케스：카리브해에서 만난 20 세기 최고의 이야기꾼
ISBN 978-626-374-960-3（平裝）

1. CST：賈西亞馬奎斯（Garcia Marquez, Gabriel, 1927-2014）
2. CST：傳記　3. CST：文學評論

785.738　　113001548

ISBN 978-626-374-960-3
Printed in Taiwan